WISSENSCHAFTLICHE BEITRÄGE AUS DEM TECTUM VERLAG

Reihe Ethnologie

WISSENSCHAFTLICHE BEITRÄGE
AUS DEM TECTUM VERLAG

Reihe Ethnologie

Band 2

Gertrude Friedrichkeit

Herz-Jesu-Verehrung

Religion, Rituale und Symbole heute

Tectum Verlag

Gertrude Friedrichkeit

Herz-Jesu-Verehrung.
Religion, Rituale und Symbole heute

Wissenschaftliche Beiträge aus dem Tectum Verlag:
Reihe: Ethnologie; Bd. 2

ISBN: 978-3-8288-2468-3

ISSN: 2191-2637

Besuchen Sie uns im Internet
www.tectum-verlag.de

Bibliografische Informationen der Deutschen Nationalbibliothek
Die Deutsche Nationalbibliothek verzeichnet diese Publikation in der Deutschen Nationalbibliografie; detaillierte bibliografische Angaben sind im Internet über http://dnb.ddb.de abrufbar.

1 Einleitung und Themenstellung

1.1 Säkularisierung oder Resakralisierung?

In den letzten Jahrzehnten ist eine verstärkte wissenschaftliche Hinwendung zu Fragen der Religiosität, auch unter volkskundlichen Gesichtspunkten, zu vermerken. An den Universitäten ist Religion zum Trend-Thema geworden.[1] Das Schlagwort von der Säkularisierung (zur ideenpolitischen Geschichte des Begriffs s. Hermann Lübbe „Säkularisierung"), das die kulturwissenschaftliche Debatte der 1970er Jahre wesentlich mitbestimmte, ist heute nicht mehr unumstritten. G. Korff spricht von einer „Wiederverzauberung" der Welt[2], F. W. Graf von „religious turn"[3] und einer „vehementen Rückkehr" der „privatisierten" Religion in den öffentlichen Raum[4], F-X. Kaufmann von der „postmodernen Wiederkehr von Religion"[5] und H. Knoblauch von „Resakralisierung".[6] Populäre TV-Unterhaltungssendungen mit Pfarrern und Ordensschwestern in der Hauptrolle legen davon beredtes Zeugnis ab.

Knoblauch zeigt zudem, wie mit wachsender Differenzierung der Gesellschaft neue Formen der Religiosität entstehen, die sich in Mystizismus, esoterischen Kulten, der New-Age-Bewegung usw. manifestieren. In „Die Verflüchtigung der Religion ins Religiöse" legt er an Hand von Luckmanns funktionalistischer Definition der „unsichtbaren Religion" dar, wie die „Objektivierung subjektiver Erfahrungen (in der gegenseitigen Spiegelung, Reziprozität und Rollenübernahme) zu intersubjektiven Deutungsschemata" einer Weltansicht führt, in die der einzelne hineingeboren wird.

---

1 Vgl. Graf, Friedrich Wilhelm: Die Wiederkehr der Götter. Religion in der modernen Kultur. München 2004, S. 16.

2 Korff, Gottfried: Kulturwissenschaftliche Beobachtungen. Zur Komplexität der religiösen Situation der Gegenwart. In: Baumann, Urs (Hg.): Gott im Haus der Wissenschaften. Ein interdisziplinäres Gespräch. Frankfurt a. M. 2004, S. 87-94, hier S. 94.

3 Graf, Friedrich Wilhelm: Beeinflussen religiöse Weltbilder den ökonomischen Habitus? In: Berghoff, H., Jakob Vogel (Hg.): Wirtschaftsgeschichte als Kulturgeschichte. Frankfurt a. M. 2004, S. 241-263, hier S. 242.

4 Graf (wie Anmerkung 1), S. 53.

5 Kaufmann, Franz-Xaver: Religion und Modernität. Sozialwissenschaftliche Perspektiven. Tübingen 1989, S. 3.

6 Knoblauch, Hubert: Religionssoziologie. Berlin u. a. 1999, S. 171.

Während nun in archaischen Gesellschaften das gesellschaftliche Wissen gleichmäßig auf alle Mitglieder der Gesellschaft verteilt ist, bildet sich mit zunehmender Spezialisierung der Gesellschaft „innerhalb der Weltansicht ein Heiliger Kosmos" heraus, der nicht mehr allen zugänglich ist, sondern von Experten (z. B. dem Schamanen) und später einer eigenen Institution interpretiert und zugänglich gemacht wird.[7] Mit weiter wachsender Differenzierung der Gesellschaft büsst diese Institution ihr Deutungsmonopol ein und es entstehen laut Luckmann miteinander konkurrierende Universen mit der „[...] Gefahr, dass bestimmte zu katechistischen Formeln erstarrte religiöse Repräsentationen als subjektive Systeme ‚letzter' Bedeutung an Plausibilität verlieren [...]".[8] Dann entstehen neue Formen der Religiosität und eine „unsichtbare Religion", die sich in Mystizismus, esoterischen Kulten, der New-Age-Bewegung usw. manifestiert. Zwar verschwindet damit die Religion nicht: aber „die individuelle Religiosität wird immer unabhängiger von den angebotenen ‚offiziellen' Modellen der Sinndeutung", es kommt zur „Randständigkeit der herkömmlichen kirchengebundenen Religion in modernen Gesellschaften".[9] „Ist die Religion erst einmal zur ‚Privatsache' geworden, kann das Individuum nach freiem Belieben aus dem Angebot ‚letzter' Bedeutung wählen"[10], sodass „[...] kein verpflichtendes Modell der Religion verfügbar ist."[11]

Pluralisierung und Marktorientierung begünstigen diese „Privatisierung der Religionen. Die Kirche dient zwar noch als Dienstleistungsanbieterin und tritt als symbolisch-repräsentative Institution in Erscheinung, sie stellt aber immer weniger Ansprüche an ihre Mitglieder. Deswegen hat die Zugehörigkeit zu einer Kirche immer weniger Auswirkung auf die Werte, Einstellungen und Lebensformen der Mitglieder. Zugleich ist die kirchliche Religion immer weniger in der Lage, die für die Menschen wichtigen Themen aufzunehmen, die zunehmend um ihre individuellen Probleme, um ihre Selbstverwirklichung und damit um ihre Privatsphäre kreisen.

Das Anwachsen der Psychologie, aber auch von Psychokulten, Selbsthilfegruppen und anderen auf das Selbst, seinen Körper und seine See-

---

7 Vgl. Hubert Knoblauch: Die Verflüchtigung der Religion ins Religiöse. In: Vorwort zu Thomas Luckmann: Die unsichtbare Religion. S. 5-17.

8 Thomas Luckmann: Die unsichtbare Religion. Frankfurt a. M. 1991. S. 124.

9 Ebd. S. 73

10 Ebd. S. 141.

11 Ebd. S. 146.

le zielenden Sinnstiftungsgemeinschaften sind Symptome für diese Privatisierung."[12]

Dieser Rückzug in die private „unsichtbare Religion" (Th. Luckmann, „Die unsichtbare Religion") ist aber kein Beleg für mangelndes Interesse an der Sinngebung der menschlichen Existenz. „Die Erfahrung der Unbegreifbarkeit von Welt als Kosmos"[13] macht die philosophische Urfrage nach dem „Woher und Wohin" so aktuell wie je. Das Streben nach letzter Erkenntnis und Gewissheit manifestiert sich in zahlreichen kleineren Zusammenschlüssen von Gläubigen und Sinnsuchenden - in der katholischen Kirche etwa die Laien-Bewegung „Wir sind Kirche", Basisgemeinden, die Marianische Kongregation, Herz-Jesu-Verehrer und andere. Außerhalb der Kirchenorganisationen blühen Erweckungsbewegungen, Sekten, Meditationskreise, „electronic church", aber auch Mysterienorgien, Weltuntergangsbewegungen und vergleichbare Aktivitäten aller Art. Dieser Pluralismus führt zu Marktorientierung und Privatisierung der Religion.

Ihnen allen gemeinsam ist „die Suche nach einem absoluten, verborgenen Wissen, das ihnen durch mystische Schau, göttliche Autoritäten oder durch eigene Erfahrung offenbart wird", wobei Frauen deutlich stärker als Männer an Mystik und Esoterik, an Horoskopen, Astrologie, Traumdeutung usw. interessiert sind.[14]

Das Individuum wählt aus diesem Angebot „letzter" Bedeutung aus, sodass „[...] kein verpflichtendes Modell der Religion verfügbar ist."[15] So sagt die TV-Moderatorin Barbara Karlich:

> Ich picke mir das raus, was Jesus gepredigt hat an Nächstenliebe und andere gute Ansätze. Ich habe aber auch einen buddhistischen Zugang. Denn ich glaube irgendwie auch an die Wiedergeburt.[16]

Korff nennt das „bricolage", eine religiöse Flickenteppichnäherei.

---

12 Vgl. Knoblauch (wie Anmerkung 6), S. 121f.

13 Kaufmann (wie Anmerkung 5), S. 21.

14 Wolf, Helga Maria: Esoterik als neue „Volksfrömmigkeit"? In: Bockhorn, Olaf, Schindler, Margot u. a. (Hg.): Alltagskulturen. Forschungen und Dokumentationen zu österreichischen Alltagen seit 1945. Referate der Österreichischen Volkskundetagung 2004 in Sankt Pölten. Wien 2006, S. 73–90, hier S. 73.

15 Luckmann, (wie Anmerkung 8), S. 141.

16 Im Interview mit Lackner, Herbert. In: PROFIL Nr. 32, 37.Jg. vom 07.08.2006, S. 28.

Der Kulturphilosoph Thomas Macho, Dekan an der Humboldt-Universität in Berlin, spricht von zwei Formen der Religion in der Moderne – von universalen, unverzichtbar rationalen Vernunftreligionen einerseits und privaten Religionen der Erfahrungsreligiosität mit einem gewissen Hang zur Alltagsmystik andererseits.

Die eigentliche Stärke des Christentums liege zwar nicht in Mystik und Esoterik, es sei aber „großmütig genug, um auch das Bedürfnis nach Mystizismus, blutenden Statuen, heiligen Knochen und Grabestüchern zu tolerieren."[17]

A. Langner erinnert daran, wie sehr durch diesen Pluralismus „in unserem ‚aufgeklärten' Zeitalter noch Hexenglaube, mythologische Vorstellungen, Ersatzwege für religiöse Rituale eine Rolle spielen".[18] Die darin zum Ausdruck kommende Sehnsucht des Menschen nach einer überirdischen heilenden und schützenden Kraft in einer zunehmend nüchternen, hektischen und gefühlloseren Welt ist ungebrochen stark. Doch hat „die Religion [...] im Kontext moderner Gesellschaften nicht mehr die vormoderne Funktion, Persistenz des Bildes der Welt, in der wir leben, zu garantieren"[19], sie ist vielmehr „lebensnotwendige Kultur der Anerkennung der Unverfügbarkeit des Lebens" und „Kontingenzbewältigungspraxis".[20]

Diese Bedeutung von Ritualen sieht auch Armin Nassehi, Professor für Soziologie an der Ludwig-Maximilians-Universität in München:

> Es ist sicher kein Zufall, dass die mediale Sichtbarkeit des Religiösen im Jahre 2005 mit dem Tod Woytilas und der Wahl Ratzingers den Eindruck einer „Wiederkehr des Religiösen" hinterlassen hat.
>
> Was sich in Rom als Wiederkehr des Religiösen dargestellt hat, war letztlich eine Form [...]. Andererseits atmeten alle Gesten auch eine erstaunliche Einfachheit, weil sie auf der Wiederholbarkeit ritueller Gesten beruhten. Sie erklären sich selbst und vermitteln letztlich das Gefühl, dass sie alles mitsymbolisieren - Leben und Tod, Vergänglichkeit und Ewigkeit, Sünde und Er-

---

17 Im Interview mit Simon, Anne-Catherine. In: Die Presse Nr. 17.743 vom 31.3./1.4.2007, S. 2.

18 Langner, Albrecht: Säkularisation und Säkularisierung im 19. Jahrhundert. In: Beiträge zur Katholizismusforschung, Reihe B: Abhandlungen. München 1978, S. 143-162, hier S. 158.

19 Lübbe, Hermann: Religion nach der Aufklärung. In: Gutmann H.-M., Gutwald, C. (Hg.): Religiöse Wellness. Seelenheil heute. München 2005, S. 59-80, hier S. 63.

20 Ebd. S. 76.

> lösung [...]. Insofern ist im Hinblick auf ihre Sichtbarkeit die Wiederkehr des Religiösen eine Wiederkehr ritueller Formen, die sich „irgendwie" von selbst verstehen, weil man sie eigentlich nicht im emphatischen Sinn verstehen muss.
>
> Mit einem Wort: die Wiederkehr des Religiösen zeigt sich nicht in neuem (oder altem) Orientierungswissen, sondern in der Wiederkehr der Kasualien, in der Aufhebung zufälliger Lebensverläufe in der Ritualität von Taufe, Kommunion, Konfirmation, Hochzeit, Begräbnis.[21]

Die These von einer Verweltlichung (Max Weber redet von der „Entzauberung der Welt") hält also dem empirischen Befund nicht stand. Zwar gaben im Oktober/November 2006 nur mehr 78 Prozent der Österreicher katholisch als ihre Religionszugehörigkeit gegenüber noch 88 Prozent im Jahre 1981 an. Diesem auch im übrigen Westeuropa erkennbaren Rückgang stehen aber Zuwachsraten zu christlichen Kirchen in Lateinamerika, Afrika und China gegenüber, vor allem freilich bei den Evangelikalen und den Pfingstkirchen, also nicht bei den traditionell in Europa vorherrschenden Amtskirchen. Besonders in Nordamerika, in der 3. Welt - insbesondere in den islamisch geprägten Ländern - ist eine, teilweise fundamentalistische, Rückbesinnung auf religiöse Werte und Traditionen zu beobachten.[22]

P. Berger spricht sogar von der „Erfindung konfessioneller Tradition"[23] - manche Kirchen „revitalisierten lange vergessene kultische Praktiken und Riten, um gerade den vielen Modernisierungsverlierern in bedrohlicher Unübersichtlichkeit zu neuer starker Identität zu verhelfen".[24]

Der Rückgriff des 2. Vatikanischen Konzils auf frühchristliche Bräuche und Riten (wie etwa die Einführung des Volksaltars oder der Nationalsprache im Gottesdienst) ist zum Teil von dieser Zielsetzung motiviert.

1.2 Themenstellung

Diese Arbeit geht auf ein von Univ. Ass. Dr. Elisabeth Timm geleitetes drei-semestriges Studienprojekt am Institut für Europäische Ethnologie

---

21 Nassehi, Armin: Warum die Welt katholischer wird. In: DIE ZEIT Nr. 16 vom 12.April 2007, S. 54.

22 Vgl. ewi: Christentum bleibt größte Weltreligion. In: Die Presse Nr. 17.743 vom 31.3./1.4.2007, S. 1.

23 Berger zitiert nach Graf (wie Anmerkung 1), S. 20.

24 Graf (wie Anmerkung 1), S. 27.

der Universität Wien über das Herz zurück, in dessen Rahmen ich mich mit der Herz-Jesu-Verehrung befasste. Zur Herz-Jesu-Verehrung heißt es im Katechismus der katholischen Kirche:

> Das Gebet der Kirche ehrt und verehrt das Herz Jesu, wie es seinen heiligsten Namen anruft. Die Kirche betet das menschgewordene Wort und sein Herz an, das sich aus Liebe zu den Menschen von unseren Sünden durchbohren ließ.[25]

Das Herz ist der Urbegriff des kollektiven menschlichen Unbewussten. Es ist Mitte von Körper und Geist, geographisches und gedankliches Zentrum, Ausgangspunkt des lebensspendenden Blutkreislaufs, Hort unterschiedlichster Gefühle von Liebe, meditativer Versenkung bis hin zu Trauer und Leidenschaft. Die Denotation tritt gegenüber der unüberblickbaren Vielfalt an Konnotationen in den Hintergrund. Folgerichtig bedient sich auch die katholische Kirche dieses wirkmächtigen Symbols zur Versinnbildlichung des sich selbst aufopfernden, liebenden Gottes.

Durch Zufall stieß ich zu Beginn meiner Untersuchungen auf einen Steinmetzbetrieb, dessen Verkaufslokal eine große Herz-Jesu-Statue zierte. So wurde mir sinnlich vor Augen geführt, dass die Herz-Jesu-Frömmigkeit in Österreich bei katholischen Gläubigen noch - oder wieder - lebt. Im Zuge weiterer Nachforschungen begegnete ich den „Herz-Jesu-Familien". Eine Herz-Jesu-Familie umfasst 14 Mitglieder unter Leitung eines so genannten „Apostels"; die „Familien"-Angehörigen verpflichten sich, dreimal jährlich zu einem festgelegten Zeitpunkt eine Novene zum heiligsten Herzen Jesu zu beten.

An ihrem Beispiel soll die These überprüft werden, dass Ritualen und Symbolen gerade in religiösen Gemeinschaften, insbesondere in kleineren Gruppen, eine herausgehobene Rolle zukommt. In diesem Zusammenhang soll weiters der Frage nach dem Stellenwert dieser Frömmigkeitsform der Herz-Jesu-Verehrung in der institutionalisierten katholischen Kirche nachgegangen werden.

Dabei soll zunächst anhand der herangezogenen Literatur die Entwicklung der Herz-Jesu-Verehrung durch die Jahrhunderte überblicksmäßig dargestellt, sodann die wesentlichsten Ritual- und Symboltheorien kurz vorgestellt, danach Forschungsmethode und Inhalt der geführten Feldinterviews dargelegt und abschließend eine zusammenfassende Wertung versucht werden.

---

25 Katechismus der Katholischen Kirche. München u. a. 1993, S. 670.

2 Forschungsstand

2.1 Literatur

Im religionssoziologischen Bereich steht ein eindrucksvoller Bestand an wissenschaftlicher Literatur zur Verfügung, von E. Durckheim bis M. Weber, Th. Luckmann, F.-X. Kaufmann, H. Knoblauch und P. Bourdieu, um nur einige zu nennen. Diese Arbeiten fragen nach der Entstehung von Religion und untersuchen mit der Religiosität von Menschen zusammenhängende Fragen unter verschiedenen Gesichtspunkten wie der Korrelation zu Alter, Geschlecht, Bildung, Beruf, Wohnort, soziale Herkunft usw.

Die eingehende theologische Befassung mit der Herz-Jesu-Verehrung ist an einer unübersehbaren Anzahl kirchlicher Publikationen und Fachwerke abzulesen, worauf im Rahmen dieser kulturwissenschaftlichen Untersuchung aber nicht näher eingegangen werden muss.

Auch die geschichtliche Entwicklung der Herz-Jesu-Verehrung ist Gegenstand zahlreicher Veröffentlichungen, unter denen besonders die bis ins 20. Jhdt reichenden von N. Busch („Katholische Frömmigkeit und Moderne"), J. Moore („Herz-Jesu-Verehrung in Deutschland"), M. Krammer („Victor Braun 1825 - 1882") und dem Jesuiten L. Lies („Gottes Herz für die Menschen") zu nennen sind. M. Haag hat den historischen Verlauf anhand des Herz-Jesu-Liedgutes nachgezeichnet. Auf Österreich bezogene Darstellungen finden sich beispielsweise bei M. Wiedenhorn („Die Geschichte der Herz-Jesu-Verehrung in Österreich"), A. Coreth („Liebe ohne Maß") und W. Paschke („Landes- und Diözesanweihen an das Heiligste Herz Jesu").

Hingegen sind nur wenige kulturwissenschaftliche, geschweige denn Herz-Jesu-spezifische, Quellen unter volkskundlichen Vorzeichen zu finden. Ausnahmen bilden z. B. G. Korff (Herz-Jesu. „13 Dinge: Form, Funktion, Bedeutung" in einem Ausstellungskatalog sowie in „Heiligenverehrung in der Gegenwart"), J. Moore und in einem Teilbereich bei M. Haag.

2.2 Historische Entwicklung der Herz-Jesu-Verehrung

Die bis dahin nur privat geübte Herz-Jesu-Verehrung erhielt durch die Herz-Jesu-Visionen der Hl. Marguerite Marie Alacoque vom Salesianerinnen-Kloster in Paray-le-Monial einen mächtigen Auftrieb. In diesen Visionen wurde der Ordensschwester zwischen 1673 und 1675 aufgetragen, sich für die liturgische Feier des Herz-Jesu-Geheimnisses einzusetzen. Aber erst 1856 wurde unter Pius IX. „das Herz-Jesu-Fest auf die gesamte Kirche" ausgedehnt, Leo XIII. vollzog schließlich am 11. Juni 1899 „die Weihe der ganzen Menschheit an das Heiligste Herz Jesu."[26] Entscheidend für die Kultausweitung wurden die Seligsprechung der später heilig gesprochenen M. M. Alacoque im Jahre 1864, aber auch Unterstützungsaktionen der Jesuiten: „Sie übernahmen es, die Herz-Jesu-Andacht theologisch zu legitimieren, sie im ultramontanen Sinn zu instrumentalisieren und bei Laien wie Klerikern zu popularisieren. [...] Da die Vereinszentrale in Innsbruck angesiedelt war, bereitete es den Jesuiten keine Mühe, das zu Beginn des (deutschen) Kulturkampfes über sie verhängte ‚Berufsverbot' zu unterlaufen."[27]

Doch erst unter dem Einfluss der Herz-Mariä-Verehrung kam es in den dreißiger Jahren des 19. Jahrhunderts zu einer restaurativen Verstärkung jesuanischer Frömmigkeitsformen mit vermehrt sentimentalen, emotionalen und traditionalistischen Zügen. Ebertz spricht von „Organisierung der Massenreligiosität", Korff von „Formierung der Frömmigkeit", Gabriel von „Verkirchlichung der Volksreligion".[28] In dieser Phase erfolgte 1844 die Gründung des Gebetsapostolates, der später bedeutsamsten „internationalen Herz-Jesu-Organisation". [29]

In Österreich wurden die Offenbarungen an die Hl. M. M. Alacoque im 18. Jahrhundert vor allem durch die Volksmissionen der Jesuiten hoch gehalten. Der Herz-Jesu-Kult war zu diesem Zeitpunkt Ausdruck einer modernen Glaubenshaltung und wurde gegen die Jansenisten und deren religiösen Rigorismus („Die Herz-Jesu-Verehrung stand an erster Stelle der verhassten ‚Andachteleien' und wurde von den Jansenisten und Aufklärern in gleicher Weise abgelehnt"[30]) eingesetzt, als

---

26 Vgl. Krammer, Martina: Victor Braun 1825-1882. Leben und Werk des Stifters der Kongregation der Dienerinnen des Heiligsten Herzens Jesu. Eine biographische Studie des Gründers im geschichtlichen Kontext der Herz-Jesu-Verehrung. In: Dissertation zur Erlangung des akademischen Grades eines Doktors der Theologie. Katholische Fakultät der Universität Wien 1998, S. 1-112, hier S. 27 und 33f.

27 Busch, Norbert: Katholische Frömmigkeit und Moderne. Die Sozial- und Mentalitätsgeschichte des Herz-Jesu-Kultes in Deutschland zwischen Kulturkampf und Erstem Weltkrieg. Gütersloh 1997, S. 312.

28 Alle zitiert nach Busch (wie Anmerkung 27), S. 17.

29 Busch (wie Anmerkung 27), S. 65.

30 Wiedenhorn, Manfred: Die Geschichte der Herz-Jesu-Verehrung in Österreich. In: Diplomarbeit eingereicht an der Katholisch-theologischen Fakultät der Universität Wien zur Erlangung des Grades eines Magisters der Theologie der selbständigen Religionspädagogik. April 1992, S. 1-92, hier S. 16f.

„pastorale Provokation und kalkulierter Kampfkult".[31] Im Zeichen der josephinischen Aufklärung und der innerkirchlichen Auseinandersetzung mit dem Jansenismus wurden 1773 der Jesuiten-Orden und 1784 das Missionswerk aufgelöst und die Herz-Jesu-Verehrung von Joseph II. verboten. „Gerade diese Unterdrückung rief den Widerstand des Tiroler Volkes hervor, das in der Herz-Jesu-Andacht einen Teil seines lieb gewonnenen religiösen Brauchtums sah";[32] 1795 wurde der bereits tief im Volk verwurzelte Herz-Jesu-Kult wieder offiziell eingeführt und erhielt durch die Weihe des Landes an das Herz Jesu im erfolgreichen Abwehrkampf gegen die napoleonischen Truppen einen politisch motivierten Auftrieb. Seit dem ausgehenden 19. Jahrhundert werden auf den Tiroler Bergen Herz-Jesu-Feuer entzündet; man nimmt an, dass diese „erfundene" Tradition möglicherweise an die im vorchristlichen Kult der Naturvölker wurzelnden Jahresfeuer anschließt.

„Zu den engagiertesten Kultrezipienten zählten die [...] Adelsfamilien. Die laikale ‚Massenbasis' setzte sich vor allem aus Angehörigen der klein- und unterbürgerlichen Schichten zusammen [...]", vor allem aus ländlichen Bereichen.[33]

Allerdings wäre es, so Moore, ein Missverständnis, die Herz-Jesu-Verehrung nur als eine vom sog. „einfachen Volk" geübte Kultform zu sehen; es handelte sich vielmehr um eine weltweite Frömmigkeitsform, die „von offizieller kirchlicher Stelle normiert, propagiert und von aktiven Laien praktiziert - wenn auch nicht in allen Erscheinungsformen toleriert"[34] wurde.

Zwar war unter gender-Aspekten der Herz-Jesu-Kult in erster Linie eine Angelegenheit der Frauen; die Feminisierung der Religion war ein generelles Phänomen des 19. Jahrhunderts, denn die Pflichten der Frau - einschließlich der religiösen Erziehung der Kinder - lagen im häuslichen Bereich. Aber mit der gegen 1900 zunehmend nationalen Orientierung vieler Katholiken wurde der Kult zu einer echten Män-

---

31 Busch (wie Anmerkung 27), S. 55.

32 Paschke, Wilhelm: Die Geschichte der Herz-Jesu-Verehrung in Österreich. In: Diplomarbeit eingereicht an der Katholisch-theologischen Fakultät der Universität Wien zur Erlangung des Grades eines Magisters der Theologie. April 1992, S. 1-62, hier S. 24.

33 Busch (wie Anmerkung 27), S. 314.

34 Moore, John: Herz-Jesu-Verehrung in Deutschland. Religiöse, soziale und politische Aspekte einer Frömmigkeitsform. Petersberg 1997, S. 10.

nerandacht. Maskulinisierung und Nationalisierung bildeten zwei Seiten ein und derselben Medaille.[35]

Der deutsch-französische Krieg 1870/71 und der deutsche Kulturkampf trugen deshalb wesentlich zur Förderung der Herz-Jesu-Verehrung bei. Sie boten „[...] die Möglichkeit zur devotionalen Kanalisierung und Kompensation der Kriegserfahrung"[36] durch Zuwendung der Bevölkerung zu religiösen Werten in Krisensituationen. „Besonders die Weiheveranstaltungen dienten dazu, das ‚unbedingte Herrscherrecht' des Herzens Jesu zu propagieren und ‚das soziale Königtum Christi' zu errichten."[37]

> Da das Kriegsgeschehen von den Kirchenführern als Aufruf zu Buße und Umkehr interpretiert wurde, lag [...] eine „gemeinsame entscheidende Sühnetat" zum Herzen Jesu in Form einer öffentlichen Kollektivweihe[38]

in enger Verknüpfung von Kult und Krieg, von Sühne und Sieg nahe. Die Herz-Jesu-Verehrung hatte also „[...] im französischen und deutschen Katholizismus einen zusätzlichen Auftrieb durch die politische Aufladung im Zeichen der ‚Erbfeindschaft'."[39]

Der Bau von Sacré Coeur gehört zu der Überzeugung in Frankreich, dass M. M. Alacoque durch die Verbindung von individueller mit kollektiver Frömmigkeit eine moderne, kirchenpolitisch angemessenere und deshalb der mystischen privaten Anbetung überlegene Form der Verehrung begründet hatte. Demgegenüber setzte Deutschland nach 1870/71 auf seine eigene, in der „altdeutschen Mystik" begründete und dadurch als echter und inniger bewertete Tradition, die der „Gemüthstiefe und Glaubenstreue" des deutschen Volkes besser entsprach.[40]

Der Kulturkampf schuf die Motivation, um nach dem Herz Jesu als religiösem Rettungsanker zu greifen: Nach außen festigte die Herz-Jesu-Verehrung die Abgrenzung zum ideologischen Gegner, nach innen wirkte sie systemstabilisierend durch mentale Integrationskraft und

---

35 Vgl. Busch (wie Anmerkung 27), S. 272.

36 Busch (wie Anmerkung 27), S. 74.

37 Ebd. S. 93.

38 Ebd. S. 96.

39 Korff, Gottfried: Herz Jesu. In: 13 Dinge: Form, Funktion, Bedeutung. Katalog zur gleichnamigen Ausstellung im Museum für Volkskultur in Württemberg, Waldenbuch Schloß vom 3.Oktober 1992-28. Februar 1993. Stuttgart 1992, S. 139-152, hier S. 142.

40 Vgl. ebd. S. 143.

religiöse Vereinigungen und Veranstaltungen: Denn laut Busch besaßen „[...] Kultformen, religiöse Symbole und Rituale einen wichtigen Stellenwert für die Ausprägung einer konfessionellen Kollektivmentalität [...]".[41]

Weitere starke Impulse erhielt die Herz-Jesu-Andacht durch die Opposition der katholischen Kirche zur Moderne von Technik und Industrie, die als „gottlos, fortschrittsbesessen, materialistisch und vernunftgläubig, als liberalistisch und geschichtsvergessen"[42] galten. Dem wurde mit den emotionalen und personennahen Attributen der Herz-Jesu-Metaphorik wie „Liebe und Treue, Hingabe und Demut" entgegengewirkt. Das Herz „[...] konnte dem Kopf als Metapher des Intellekts und der Wissenschaft und der Hand als Metapher des Gewerbes und der Industrie deutlich Widerrede [...]" leisten.[43] „Antimodernität, Milieubildung und Ultramontanisierung [...] waren untrennbar miteinander verflochten."[44]

Die Zeit zwischen der Niederlage Frankreichs 1871/72 und dem Ende des 1. Weltkriegs war in Deutschland und Frankreich gleichermaßen durch „süßlichen Devotionalienkult" unter Betonung des „exkorporierten" Herzens geprägt, sodass der Vatikan 1891 der Sucht nach immer neuen Sinnbildern der Herz-Jesu-Andacht entschieden entgegentreten musste.[45]

> Sämtliche Informationen deuten darauf hin, dass der Herz-Jesu-Kult um die Jahrhundertwende eine Spitzenstellung auf dem katholischen Frömmigkeitssektor einnahm.[46]
>
> Der erste Weltkrieg bezeichnete [...] den Wendepunkt in der Geschichte neuzeitlicher Herz-Jesu-Verehrung. Zwar hatte die Kultpropaganda der deutschen Bischöfe kurzfristig einigen Erfolg, langfristig erwies es sich jedoch als fatal, das Herz Jesu zum Siegesgaranten stilisiert zu haben. [...] Der verheißene Sieg ließ [...] auf sich warten.[47]

„Nachdem der verheißene Sieg ausbleibt und in Kapitulation endet, wenden sich viele Gläubige enttäuscht ab [...]."[48] Im Laufe des 20. Jahr-

41 Busch (wie Anmerkung 27), S. 24.

42 Korff (wie Anmerkung 39), S. 141.

43 Ebd. S. 142.

44 Busch (wie Anmerkung 27), S. 25. ähnlich Korff (wie Anmerkung 39) S. 144.

45 Vgl. Korff (wie Anmerkung 39), S. 141.

46 Busch (wie Anmerkung 27), S. 90.

47 Ebd. S. 103.

48 Krammer (wie Anmerkung 26), S. 35.

hunderts verschwand die Herz-Jesu-Verehrung immer mehr aus dem Bewusstsein des Kirchenvolkes: „In den Texten des II. Vatikanums (1962-1965) kommt der Begriff ‚Herz Jesu' nicht mehr vor."[49]

> Am Beispiel des Herz-Jesu-Kultes ist besonders anschaulich und in konkreten Größenordnungen deutlich gemacht worden, in welchem Maße sich der „Trend" zu einer verstärkten „Feminisierung" der Religion zwischen Kulturkampf und erstem Weltkrieg fortsetzte, die dann durch den Krieg selber und in der Zwischenkriegszeit ein abruptes und vorzeitiges Ende nahm: Erst nach dem zweiten Weltkrieg finden sich - in abgeschwächter Form - ähnliche Muster einer Zuflucht zur Muttergottes.[50]

2.3 Frömmigkeit und Ritual

Die Abwendung

„[...] von der gefühlsbetonten Frömmigkeit des 19. Jahrhunderts und von ihrem Symbolismus" führten Kardinal Ratzinger, dem heutigen Papst Benedikt XVI. zufolge dazu, dass die „[...] marianische Frömmigkeit, aber auch neuzeitliche Formen christologisch geprägten Betens wie Kreuzweg und Herz-Jesu-Verehrung zurücktraten [...]."[51]

Der Kardinal wandte sich aber deutlich gegen die Annahme, dass vorkonziliare Frömmigkeitsformen hinfällig seien.[52] Die technische Rationalität dränge das Emotionale des Menschen ins Irrationale ab, doch

> die außerordentliche seelische Vertiefung, die die Mystik des Mittelalters und die große kirchliche Frömmigkeit der Neuzeit gebracht hat, kann nicht im Namen der Wiederentdeckung der Bibel und der Väter als überholt oder gar abwegig bei Seite gelassen werden.
>
> Die Liturgie selbst kann nur dann ihrem besonderen Anspruch gemäß gefeiert werden, wenn sie vorbereitet und begleitet ist

---

49 Ebd. S. 34.

50 Götz v. Olenhusen, Irmtraud: Feminisierung von Religion und Kirche im 19. und 20. Jahrhundert. In: Lukatis, Ingrid, Sommer, Regina u. a. (Hg.): Religion und Geschlechterverhältnis. Opladen 2000, S. 37-49, hier S. 39.

51 Ratzinger, Joseph: Das Ostergeheimnis als tiefster Gehalt und Grund der Herz-Jesu-Verehrung. In: Internationales Institut vom Herzen Jesu (Hg.): Entwicklung und Aktualität der Herz-Jesu-Verehrung. Aschaffenburg 1984, S. 128-179, hier S. 128.

52 Vgl. ebd. S. 131.

> von dem meditativen Verweilen [...] und so auch die Sinne in das Schauen des Herzens einbezogen werden [...].[53]

Und er schließt mit der Frage, ob wir „[...] die ‚Volksfrömmigkeit' oft allzu sehr vernachlässigen?"[54]

Eben dahin zielt die Kritik des Psychologen A. Lorenzer am 2. Vatikanischen Konzil wegen der „[...] Zerstörung der sinnlichen Symbol-Systeme - Rituale, Kirchenraum, bedeutsame religiöse Gegenständlichkeit [...]",[55] die Lebensorientierungen und zentrale Problembereiche des Leib-Seele-Verhältnisses definieren.[56] Rituale werden hier verstanden als „[...] körperlich-sinnlicher Umgang mit Formen, die [...] als kollektive Symbole im Laufe der Geschichte entwickelt [...]" wurden.[57]

Ein regelmäßig geübter Ritus verleiht ein starkes Gefühl von Zusammengehörigkeit und Sicherheit, er hat eine identitäts- und kollektivitätsstiftende Rolle.[58] Und deshalb: „Die Zerstörung des Wechselspiels von sinnlich-religiösen Symbolen hat in allen Gläubigen diejenige Persönlichkeitsschicht geschwächt, in der Identität und Kollektivität emotional verankert sind."[59] Im „Vandalismus des Zweiten Vatikanischen Konzils" (Kapitel VI) habe die katholische Kirche - „[...] eine der großen Sozialisationsinstitutionen [...]"[60] - die Liturgie zum katechetisch-indoktrinierenden Verbalismus umgepolt und mit der Zerstörung des Rituals die Darstellung von Grunderfahrungen menschlicher Lebensentwürfe ersetzt durch Indoktrinierung und Intellektualisierung.[61] Dieser Verbalismus sei die

> [...] Absage an die Verehrung des Numinosen in sinnlichen Darstellungsfiguren, Bildern [...] und Symbolen und bemühe sich um die Tilgung aller [...] nicht-domestizierten Sinnlichkeit [...] vornehmlich in der unkontrollierten „Volksfrömmigkeit".[62]

---

53 Ebd. S. 133.

54 Ebd. S. 178.

55 Lorenzer, Alfred: Das Konzil der Buchhalter. Die Zerstörung der Sinnlichkeit. Eine Religionskritik. Frankfurt a. M. 1981, S. 10.

56 Vgl. ebd. S. 33 und 231.

57 Ebd. S. 213.

58 Vgl. ebd. S. 34, 44, 216.

59 Ebd. S. 283.

60 Ebd. S. 179.

61 Vgl. ebd. S. 77f und 184f.

62 Ebd. S. 235.

Dieser „[...] geschichtsverachtende und sinnenfeindliche Intellektualismus [...]" führe zum Zerfall der Amtskirche, einer „[...] fatalen Partikularisierung und zu einer Abkapselung der Volkskulte vom allgemeinen Bewusstseinszusammenhang [...] zu einer sektiererischen Einigelung [...]."[63] Vor dem Konzil war das Geschehen am Altar

> eine Einheit aus sakral verhülltem Text, Gesang, ritueller Gestik, Mystik, Weihrauchdämpfen, festlichem Raum [...]. An die Stelle der alten Kultur eines präsentativen Symbolgefüges trat eine ad hoc erfundene Lehrveranstaltung.[64]

Auf diese Weise

> [...] ist die geschichtliche Verankerung der Individuen beschädigt worden [...] durchgängig geforderte Christozentrik ist das unzweideutige Kernstück einer Wendung gegen Sinnlichkeit, Geschichte und nichtreglementierte Lebenspraxis [...] die sich in der Liturgie, in den Falten dunkler Rituale und in überschüssigem Bildwerk eingenistet hatten.[65]

Resignierend fasst der Autor zusammen: „[...] die Kulturzerstörungen des Zweiten Vatikanums sind exemplarisch für einen weit über die Kirche hinausreichenden gesellschaftlichen Destruktionsprozess", einen „[...] Wirbelsturm der Zerstörung der sinnlichen Symbolsysteme einer alten Kultur [...]."[66]

Mit G. Korff ist hier allerdings anzumerken, dass Aufklärungs- und Rationalisierungsbemühungen gegen Rosenkranz, Wallfahrten, Heiligenverehrung usw. schon anfangs des 19. Jhdts. vereinzelt zu finden sind, und bereits seit Beginn des 20. Jhdts. eine Kultverengung durch „Beschränkung auf das Wesentliche", vor allem eine Wendung zur „Christozentrik", zu verzeichnen war. Private Andachtsformen wie Herz-Jesu- und Marien-Andachten wurden an die Peripherie des Kultbereiches abgedrängt, doch gerade die populäre Frömmigkeit wurde keineswegs erst durch das 2. Vatikanum betroffen, „Veränderungen waren längst in der kirchlichen Praxis und in der Einstellung einzelner Pfarrer angelegt."[67]

---

[63] Ebd. S. 241.

[64] Ebd. S. 191.

[65] Ebd. S. 286.

[66] Ebd. S. 290.

[67] Vgl. Korff, Gottfried: Heiligenverehrung in der Gegenwart. Empirische Untersuchungen in der Erzdiözese Rottenburg. Tübingen 1970, S. 22, 35, 40, 43.

Die evangelische Journalistin Schmidt-Biesalski fühlt aber,

> dass die Religion allein des Wortes sogar sprachlos macht. Ich bemerke fast schmerzlich, dass ich von religiösen „Erfahrungen“ nicht berichten kann. Alles geht durch das feinmaschige Netz des Verstandes.
>
> Im Gottesdienst gilt nur die Predigt, die meisten Lieder kann ich gar nicht mehr singen, weil die Texte zu fremd, die Begriffe und Bilder intellektuell nicht mehr nachvollziehbar sind [...] weil es keine selbstverständlichen Formen und Riten religiöser Äußerung mehr gibt [...].[68]

Sie spricht deshalb für viele Menschen, wenn sie eine Theologie fordert,

> die nicht allein den Kopf anspricht, sondern den ganzen Menschen, die nicht nur aus Worten und Begriffen besteht, sondern die auch die Abbilder wieder in die Kirche der Reformation hereinholt, eine Theologie, die Symbole mit neuen Leben erfüllt. Diese Kirche ist kahl geworden und kalt.[69]

2.4 Die Haltung des Vatikans zur Volksfrömmigkeit

Die Kirchenleitung in Rom ist in ihrer Einstellung zur Volksfrömmigkeit und den dazugehörigen Gruppierungen schwankend. Während Johannes Paul II. noch 2003 die kirchlichen Erneuerungsbewegungen christlicher Laien und ihre Spiritualität positiv beurteilte, weil sie den Christen helfen, radikaler nach dem Evangelium zu leben, und auch Benedikt XVI. selbst sie noch 2006 als „Teil der lebendigen Struktur der Kirche“ lobte, warnte er 2007 in der „Kathpress“, dass bei der Vielfalt der Formen die Einheit im Leben der Kirche nicht zu kurz kommen dürfe.

> Außer dem „Neokatechumenalen Weg“ mit weltweit 20.000 Gemeinschaften zählen in Österreich die Legion Mariens (weltweit 3 Mio. aktive Mitglieder), die Schönstadtbewegung (175 Zentren in 80 Ländern), die Gemeinschaft Emmanuell (in 70 Ländern, in Österreich mehr als 100 Mitglieder) oder die Charismatische Erneuerung mit hierzulande 5000 Katholiken in 500 Gebetsgruppen zu den stärksten Movimenti [...] ihre Wurzeln haben die meisten Bewegungen vor dem 2. Vatikanischen

---

68 Schmidt-Biesalski, Angelika: Die Bilder in den Köpfen, in meinem Kopf. In: Dirks, Marianne (Hg.): Glauben Frauen anders? Erfahrungen und Anstöße. Freiburg u. a. 1987, S. 54-61, hier S. 59.

69 Ebd. S. 60.

Konzil, seit der Öffnung der Kirche in den 60er Jahren verzeichnet ein Großteil vermehrten Zulauf.[70]

Kürzlich widmete Papst Benedikt XVI. dieser vom Vatikan jedenfalls als wesentlich erkannten Fragestellung mehrere Passagen in seinem Nachsynodalen Apostolischen Schreiben „Sacramentum Caritatis" vom 22. Februar 2007. Darin geht er auch - wohl im Bewusstsein der Sehnsucht mancher Gruppen von Gläubigen nach vorkonziliaren Liturgieformen - auf die „Schönheit der Liturgie" ein, die

> höchster Ausdruck der Herrlichkeit Gottes (ist) und in gewissem Sinne ein Sich-Herunterbeugen des Himmels auf die Erde dar(stellt) [...]. Die Schönheit ist demnach nicht ein dekorativer Faktor der liturgischen Handlung; sie ist vielmehr ein für sie konstitutives Element, insofern sie eine Eigenschaft Gottes selbst und seiner Offenbarung ist.[71]

Dazu zählt nicht nur die Messfeier in lateinischer Sprache, sondern

> die ars celebrandi muss das Gespür für das Heilige fördern und sich äußerer Formen bedienen, die zu diesem Gespür erziehen, zum Beispiel der Harmonie des Ritus, der liturgischen Gewänder, der Ausstattung und des heiligen Ortes. [...]
>
> Ebenso wichtig für eine rechte ars celebrandi ist die Beachtung aller von der Liturgie vorgesehenen Ausdrucksformen: Wort und Gesang, Gesten und Schweigen, Körperbewegung, liturgische Farbe der Paramente.[72]

In diesen Textstellen tritt ein gewiss auch durch den Aufschwung von New-Age-Formationen und Sekten verstärktes Verständnis für das Bedürfnis von Gläubigen nach Gefühl, Mystik und nicht-sprachlicher Glaubenskommunikation zutage. Die radikal ablehnende Haltung der strengen Vertreter der Liturgischen Bewegung gegenüber der Volksfrömmigkeit hatte nämlich übersehen, dass rituelle Ausdrucksformen vielen Gläubigen Halt und Orientierungshilfe zur Lebensbewältigung geboten hatten.

Wie sehr sich die katholische Kirche in den letzten Jahren der Bedeutung der Volksfrömmigkeit für das Leben der Gläubigen wieder bewusst wurde, belegt auch das „Direktorium über die Volksfrömmig-

---

70 Pöll, Regina: "Nicht vergessen, mit Gott zu den Armen zu gehen". Kirchliche Erneuerungsbewegungen unter Beschuss: zu viel Spiritualität, zu wenig soziales Handeln?. In: Die Presse Nr. 17.345 vom 3.4.2007, S. 31.

71 URL: http://dbk.de/schriften/data/01310/index.html [4.5.2007]

72 URL: http://dbk.de/schriften/data/01310/index.html [4.5.2007]

keit und die Liturgie" der Vatikanischen Kongregation für den Gottesdienst und die Sakramentenordnung vom 17. Dezember 2001.

Darin bestätigt die Kirche der Volksfrömmigkeit, zu der auch die Herz-Jesu-Verehrung zählt, eine nützliche Komponente des Glaubenslebens zu sein, sofern sie nicht in Konkurrenz zur gemeinsamen Messfeier, der Eucharistie, und zum gemeinschaftlichen kirchlichen Glaubensleben tritt. Daher:

> Mancherorts wurden tradierte Formen der Volksfrömmigkeit vorschnell abgeschafft. Dies hat eine Leere hinterlassen, die nicht immer aufzufüllen ist. Anderswo wurde und wird dagegen an wenig ausgereiften beziehungsweise irrigen Formen der Frömmigkeit festgehalten.

Auch wenn also aus vatikanischer Sicht zwischen Liturgie und Volksfrömmigkeit ein gewisser Dualismus herrscht, soll das Ziel doch die „Wiederbelebung der Volksfrömmigkeit als Ausdruck des Widerstandes gegen eine technologisch-pragmatische Kultur und gegen ein wirtschaftlich ausgerichtetes Nützlichkeitsdenken" sein[73].

Da sich in den Kulten der Volksfrömmigkeit auch „vorchristliche Glaubenshaltungen und volkstümliche Praktiken widerspiegeln"[74], z. B. Novenen, Tage mit besonderen Formen der Andacht (wie die Herz-Jesu-Freitage usw.), dürfen die Formen der Volksfrömmigkeit jedoch „auf keinen Fall Rituale der Magie, des Aberglaubens, des Spiritismus [...] annehmen."[75]

Ein autoritativerer Beweis als diese Dokumente für die wichtige Stellung, welche die katholische Kirche den rituellen Formen für das Glaubensleben beimisst, ist nicht vorstellbar. Dem kenntnisreichen Vatikan-Korrespondenten der „Frankfurter Allgemeinen Zeitung" zufolge will der Papst mit diesen Gedanken zwar nicht in die Zeit vor dem 2. Vatikanum zurück, aber - anders als die „Post-Konziliaren" - eine Wiederbesinnung auf das „Vorkonziliare plus Konzil."[76] Die prak-

---

73 Verlautbarungen des Apostolischen Stuhls: Kongregation für den Gottesdienst und Sakramentenordnung. Direktorium über die Volksfrömmigkeit und die Liturgie. Grundsätze und Orientierungen vom 17.12.2001, Hg.: Sekretariat der Deutschen Bischofskonferenz, Bonn, Nr. 2-287, hier Nr. 2.

URL: http://www.zenit.org/german/visualizza.phtml?sid=61748 [5.5.2007]

74 Ebd. Nr. 32.

75 Ebd. Nr. 12

76 Vgl. Fischer, Heinz Joachim: Verteidiger des Guten. Zum achtzigsten Geburtstag von Papst Benedikt XVI. In: Frankfurter Allgemeine Zeitung Nr. 88 vom 16.04.2007, S. 10.

tischen Auswirkungen des in seiner Gesamtheit sehr ausgewogenen päpstlichen Dokumentes, das nicht an den Festlegungen des 2. Vatikanums rütteln, sondern nur ihre konkrete Umsetzung beeinflussen möchte, sind allerdings heute noch nicht abschätzbar.

3 Religion, Rituale und Symbole

Rituale bieten nach überwiegender Auffassung der Forschergemeinschaft Sicherheit, Ordnung, eine bestimmte Handlungsabfolge und damit einfache Lösungen sowie einen stabilisierenden Effekt in schwierigen Übergangssituationen.[77] Sie drücken, wie Jan Platvoet in Anlehnung an Durckheim ausführt, Solidarität, Identität und die jeweiligen Grenzen einer Gruppe oder Gesellschaft aus,[78] integrieren Menschen in Gemeinschaften und Gruppen[79] und bewirken eine „[...] hohe Kontinuität der kulturellen Ordnungen."[80] Ritualen und Symbolen kommt somit besonderes Gewicht zu, ohne die Rituale verlieren die Menschen ihre Orientierung.[81]

Das trifft in vollem Ausmaß auch für den religiösen Bereich zu. Theologie und Kulturwissenschaft gehen zwar von einer unterschiedlichen Sichtweise auf die Religion aus: Kirche und Gläubige sehen die Religion als geoffenbart, die Kulturwissenschaft hingegen als kulturell geschaffenes Menschenwerk.[82] Beide sind sich jedoch der Bedeutung des Rituals bewusst, auch wenn sich die Kulturwissenschaft dessen äußeren Form zuwendet, die Kirche hingegen mehr auf den Inhalt bedacht ist. Aber selbst innerhalb der Religion unterscheidet Scharfe zwischen wahrem, innerem Glauben und dem äußeren, gewohnheitsmäßigen, von ihm als „Legal" bezeichneten Christentum.[83]

Diesem „Legalen Christentum" geht es „um Ordnung und Regel-Gemäßheit",[84] „die Zeremonie ist die Gesinnung, der Ritus das Dogma

---

77 Vgl. Beil, Brigitte und Holz, Karin zitiert nach Herlyn, Gerrit: Ritual und Übergangsritual in komplexen Gesellschaften. Sinn- und Bedeutungszuschreibungen zu Begriff und Theorie (= Studien zur Alltagskultur, Bd. 1). Hamburg 2002, S. 83 und 106.

78 Vgl. Platvoet, Jan: Das Ritual in pluralistischen Gesellschaften. In: Belliger, Andréa, David J. Krieger (Hg.): Ritualtheorien: Ein einführendes Handbuch. Opladen 1998, S. 173-187, hier S. 173.

79 Vgl. ebd. S. 182.

80 Kaschuba, Wolfgang: Einführung in die Europäische Ethnologie. München 2003, S. 169.

81 Vgl. Hauschild, Thomas: Magie und Macht in Italien. Über Frauenzauber, Kirche und Politik. Gifkendorf 2003, S. 193.

82 Vgl. Scharfe, Martin: Über die Religion. Glaube und Zweifel in der Volkskultur. Köln u. a. 2004, S. 134.

83 Ebd. S. 102.

84 Ebd. S. 100.

[...] Das Äußere ist identisch mit dem Inneren" - das Ritual selbst ist bereits der Inhalt, möchte man mit Benedikt hinzufügen. Die Religionsübungen des „Legalen Christentums" sind Antworten auf Beunruhigungen des Menschen und bieten schon durch die Übung selbst Trost. Anthropologisch sieht Scharfe in dieser Beobachtung die Bestätigung des Menschen als tätiges Wesen, wobei er auf die unterschiedliche Verteilung von Kopf- und Handarbeit in den verschiedenen Gesellschaftsklassen hinweist, die sich auch im Religiösen und in der Verbreitung von Ritualen auswirkt.[85]

> Kulturwissenschaften definieren Religion als gesellschaftliche Kommunikation über Transzendenz, genauer: als Kommunikation über außeralltägliche Erfahrungstranszendenz. Wie jede Kommunikation verfügt sie über bestimmte Regeln, Symbole und Rituale. Diese stützen sie, verankern sie lebensweltlich, machen sie wieder erkennbar, überlieferungsfähig und identitätssichernd. Ihr Zweck ist die gesellschaftliche Integration, die Einbindung in größere soziale und symbolische Zusammenhänge.[86]

> Religion stellt in ihren symbolischen Sprachen Mittel dazu bereit, die innere Einheit sozialer Gruppen zu befördern. Sie bietet [...] symbolische Bestände und Sprachmuster zu individueller Identitätsbildung, Sinndeutung und kohärenter Präsentation der Lebensgeschichte. Religion repräsentiert jene Deutungskultur, in der die riskanten Erfahrungen der Kontingenz individuellen Lebens sinnhaft gedeutet und in Notwendigkeit überführt werden können.[87]

Religion stärkt durch Rituale Gemeinschaftsbildung, und „wenn Zivilisationen auf ‚kollektive Identität' angewiesen sind, bedürfen sie [...] der religiös inspirierten Inszenierung von Gemeinschaft."[88] Daher bestehen enge Berührungspunkte zwischen Religion einerseits, Ritual- bzw. Symboltheorie andererseits.

In diesem religiösen Kontext beschreibt der Konstanzer Soziologe Hans-Georg Soeffner das Ritual als „ein in Handlung umgesetztes Symbol, das die Widersprüchlichkeiten und Ambivalenzen der Alltagserfahrung aufheben [...] Ordnung in der sozialen und biographischen Brüchigkeit des Lebens" stiften soll. Rituale stellen Gemeinschaft her, ohne dazu weiterer Erklärung zu bedürfen. Im christlichen Sym-

---

85 Ebd. S. 107.

86 Korff (wie Anmerkung 2), S. 87.

87 Graf (wie Anmerkung 1), S. 207.

88 Ebd. S. 209.

bol des Kreuzes und dem Ritual des Abendmahles beispielsweise wird der Widerspruch von Tod und Auferstehung zusammengebunden.[89]

Diese Umsetzung in Handlung erfolgt in der katholischen Liturgie unter Einbeziehung aller Sinne: Der Augensinn durch Bilder, liturgische Handlungen, das Vorzeigen sakraler Gegenstände; der Geruchssinn durch Weihrauch, Kerzen, Blumen; der Tastsinn mit Weihwasser, dem Kreuzzeichen auf Stirn, Mund und Herz, Kniebeugen usw.; und sogar der Geschmacksinn wird beim Empfang der Hostie angesprochen.[90]

Auch für Wolf-Eckart Failing, praktischer Theologe aus Darmstadt, ist christliche Religion im Kern Ritual, aber „mehr als nur ein ordnungsstiftendes Element", sondern „ein Inszenieren und Überschreiten der Grenzen zum Außeralltäglichen und Heiligen", und letztlich die Schwelle zwischen Leben und Tod. Das Ritual ist Aufbewahrungsort für menschliche Schmerzen und Sehnsüchte und muss daher substantiell und nicht lediglich im Blick auf seine Funktionen begriffen werden. Als Beispiel führt Failing neue Rituale an, wie sie sich vor allem im urbanen Kontext von Großstädten herausbildeten: Gedenkgottesdienste für totgeborene Kinder, denen damit ein Ort in der Erinnerung gegeben würde, Erinnerungsfeiern für die Opfer von Bombennächten des Zweiten Weltkrieges usw.[91]

3.1 Ritualtheorien

3.1.1 Übergangsriten

Der britische Sozialanthropologe Victor Turner hat Van Genneps Konzept der „Übergangsriten"[92], die den gesellschaftlichen Wandel begleiten und gefährliche Strukturbrüche entschärfen, durch Konzentration auf die „Schwellenphase" vertieft[93] („Das Ritual. Struktur und Anti-Struktur"). „Das soziale Leben bewegt sich ständig zwischen [...] Individualität und Kollektivität. Das Ritual bildet den grundsätzlichen

89 Die Wiederkehr des Rituals. Bericht zur Akademietagung „Rituale". Tagung der evangelischen Akademie in Bad Herrenalb. URL: http://www.ev-akademie-baden.de/presse/2004/art0419.htm [6.5.2007]

90 Scharfe (wie Anmerkung 82), S. 138.

91 Vgl. Failing, Wolf-Eckart (wie Anmerkung 89)

92 van Genepp, Arnold: Übergangsriten. Frankfurt a. M. 1986.

93 Turner, Victor: Das Ritual. Struktur und Anti-Struktur. Frankfurt a. M. 1989.

Vermittlungsmechanismus […]", sagt dazu Bergesen.[94] In der gefährlichen Phase zwischen dem alten Status und der neuen Ordnung entsteht vorübergehend eine offene Gesellschaft, in der eine aus der Sozialstruktur abgelöste „Communitas" auftritt.[95] Zu ihren Erscheinungsformen zählt Turner millenarische Bewegungen, Minderheiten, Mönchsorden, aber auch Jugendkulturen (Hippies; spätere Autoren nennen z. B. Sekten, Kommunen usw.); für sie sind charakteristisch u. a. „[…] Demut, […] Selbstlosigkeit, totaler Gehorsam […]."[96] Der Schwellenzustand ist ein notwendiger Bestandteil des „[…] sozialen Lebens des Menschen als Prozess"[97] und „bringt oft Mythen, Symbole, Rituale, philosophische Systeme und Kunstwerke hervor."[98]

Der etwas unklar - oder besser: nicht allgemein verbindlich - definierte Begriff der Übergangsriten wurde in der Fachliteratur der letzten Jahrzehnte auf die vielfältigsten Phänomene moderner, komplexer Gesellschaften ausgeweitet.

P. Vandermeersch etwa findet darin die psychotherapeutische Möglichkeit, das Individuum aus einer Übergangsphase oder Krise zu einer neuen Integration zu führen: Rituale können nämlich Gefühle kanalisieren - etwa zur Bewältigung eines Trauerprozesses.[99]

Von manchen Autoren wird das Ritual auch als Weg zum Wissen verstanden, als „[…] Suche nach dem Verständnis der Welt […]", das auf der „[…] Offenheit für Neues […] in der Liminalität des Rituals gründet […]."[100]

---

94 Bergesen, Albert: Die rituelle Ordnung. In: Belliger, Andréa, David J. Krieger (Hg.): Ritualtheorien. Ein einführendes Handbuch. Opladen 1998, S. 49-75, hier S. 51.

95 Vgl. Turner (wie Anmerkung 92), S. 124.

96 Ebd. S. 110.

97 Ebd. S. 135.

98 Turner, Victor: Liminalität und Communitas. In: Belliger, Andréa, David J. Krieger (Hg.): Ritualtheorien. Ein einführendes Handbuch. Opladen 1998, S. 251-262, hier S. 260.

99 Vgl. Vandermeersch, Patrick: Psychotherapeutische Rituale. In: Belliger, Andréa, David J. Krieger (Hg.): Ritualtheorien. Ein einführendes Handbuch. Opladen 1998, S. 435-448, hier S. 440.

100 Jennings Jr., Theodore W.: Rituelles Wissen. In: Belliger, Andréa und David J. Krieger (Hg.): Ritualtheorien. Ein einführendes Handbuch. Opladen 1998, S. 157-172, hier S. 159f.

3.1.2 Ritual-Konjunktur oder Antiritualismus?

Dieses starke (oder wieder erstarkte) Interesse an Symbolen, Bräuchen und Ritualen entspricht der Sehnsucht nach Tradition in Zeiten eines schnellen sozialen Wandels, der die überkommenen gesellschaftlichen Muster schwächt oder zerstört und Nachfrage nach neuen Traditionen schafft. Kaschuba leitet einen vermehrten Wunsch nach Ritualen aus Identitätsverlust und Identitätssuche in der postmodernen Gesellschaft ab.[101] Eine Presseaussendung der Evangelischen Akademie in Bad Herrenalb, Bundesrepublik Deutschland, berichtet dazu anlässlich einer Tagung:

> Nach der antiautoritären 68ziger Bewegung, die sich den Kampf gegen die Rituale des Nachkriegsdeutschland auf ihre Fahnen geschrieben hatte, reiben sich heute Sozialwissenschaftler verwundert die Augen: Das in Misskredit geratene Ritual steht vor einer Wiedergeburt - Etikette und Umgangsformen, Ordnungsstrukturen, die dem Alltag eine Gestalt geben, sind wieder gefragt. Der Buchmarkt mit einschlägigen Themen boomt.[102]

Und Ronald Sequiera, Universität Köln, zeigte bei dieser Tagung auf, wie die menschliche Körper- und Gebärdensprache gerade auch im Ritual wirksam wird; selbst sich antiritualistisch begreifende Gesellschaften kommen nicht ohne Rituale aus, die dann allerdings nicht als solche wahrgenommen werden.[103]

Mancherorts werden Rituale sogar wieder eingeführt oder neu erfunden. Sie dienen als „erfundene Traditionen" laut E. Hobsbawm zur Stärkung des Gruppenzusammenhalts, wie etwa Erinnerungsstätten zeigen,[104] in denen sich laut Maurice Halbwachs das „kollektive Gedächtnis" verortet. Als ein einprägsames Beispiel für solche erfundenen Traditionen im kirchlichen Bereich nennt H. Fielhauer die Einführung des Erntedankfestes in den frühen 1930er Jahren durch die Bemühungen der Klosterneuburger Chorherrn, die mit Pius Parsch eine neue Frömmigkeit für die einfachen Gläubigen auf dem Lande propagierten, die an Altes anknüpfte und Neues schuf.[105]

---

101 Vgl. Kaschuba (wie Anmerkung 80), S. 169.

102 Bericht zur Akademietagung (wie Anmerkung 89)

103 Ebd.

104 Vgl. Hobsbawm, Eric: Die Erfindung von Traditionen. In: Conrad, Christoph, und Martina Kessel (Hg.): Kultur und Geschichte. Neue Einblicke in eine alte Beziehung. Stuttgart 1998, S. 97-118, hier S. 115.

105 Wolf (wie Anmerkung 14), S. 78f.

Im Gegensatz zu dieser Ritual-Konjunktur warnt die englische Sozialanthropologin Mary Douglas vor einer Verarmung und „Säuberung der alten Rituale" - einem „Anti-Ritualismus".[106] J. Stagl konstatiert ebenfalls im „[...] gewaltigen, weltweiten Panorama der Übergangsriten [...] vor allem einen Rückgang und ihre Entleerung [...]."[107] Douglas definiert Ritual als eine verdichtete Form der Kommunikation und sieht daher die Gefahr von Anti-Ritualismus, wenn

- es zum sozialen Wandel und „einer Umordnung überkommener gesellschaftlicher Ordnungsmuster und Hierarchien"[108] in postmodernen Gesellschaften kommt
- neue Bewegungen (wie die Neue Linke in England, religiöse Erweckungs- und andere millenialistische Bewegungen) gegen inhaltsleere, rein äußerliche, dem sozialen Handlungsbezug nicht mehr entsprechende „ritualistische" Rituale revoltieren
- diesseitsgerichteter Säkularismus zur „allgemeinen Beschäftigung mit dem Problem der Sinnentleerung"[109] führt.

Die Forscherin zeichnet einen bis auf Reformation und Aufklärung zurückgehenden Trend, der das persönliche Erleben des Individuums, seine Verinnerlichung, fördert und somit eine immer geringere Aufnahmefähigkeit für verdichtete Symbole bewirkt.[110]

Dieses Schwinden des Verbundenseins durch gemeinsame Symbole und Riten - deren Bindekraft sich besonders in der Religion und da vor allem in der Volksfrömmigkeit erweist - ist für die Autorin eines der ernstesten Probleme unserer Zeit.[111]

Der suspendierte Wiener Priester, Theologe und Psychologe A. Holl hat diesen transzendentalen und Gemeinschaft fördernden Charakter von Ritualen, den „speziellen Geruchskosmos der Religionen, den Prozessionsschritt als Resultat langer Übung, authentische Kirchenmu-

---

106 Vgl. Douglas, Mary: Ritual, Tabu und Körpersymbolik. Sozialanthropologische Studien in Industriegesellschaft und Stammeskultur. Frankfurt a. M. 1998, S. 37.

107 Stagl zitiert nach Herlyn, Gerrit: Ritual und Übergangsritual in komplexen Gesellschaften. Sinn- und Bedeutungszuschreibungen zu Begriff und Theorie (= Studien zur Alltagskultur, Bd. 1). Hamburg 2002, S. 48.

108 Douglas zitiert nach Soeffner, Hans-Georg: Die Ordnung der Rituale. Die Auslegung des Alltags 2. Frankfurt a. M. 1992, S. 103.

109 Vgl. Douglas (wie Anmerkung 106), S. 37.

110 Vgl. ebd. S. 20 und 37.

111 Vgl. ebd. S. 11.

sik und die Zusammenhänge von Farben und religiösen Inhalten" beschrieben, aber

> nur wenn die aufgebotenen Farben, die Gebärden, die Gerüche, die Musik zur Einheit gebracht werden, ist Entrückung aus dem Alltag möglich [...]. Wann immer ein Stamm, ein Volk, eine Religionsgemeinschaft [...] an einem theoretisch unlösbaren Problem laboriert, bedarf es eines Rituals, das Zusammengehörigkeit schafft [...]. Dann müssen Fahnen, Bilder und Statuen her zur Verehrung durch die Leute.[112]

Resigniert konstatiert er freilich mit Douglas, dass die Rituale heute inhaltsleer geworden sind und damit eine Bewegung zeigen, die „an ihr Ende gekommen ist in Europa, nur in Europa".[113]

Hans-Georg Soeffner differenziert dagegen zwischen „ritualisiertem Anti-Ritualismus" und „naivem, inflatorischem Ritualismus."[114]

Die Mehrdeutigkeit des menschlichen Verhaltens zwinge zur Deutung (Kaschuba spricht von „Kultsemiotik"[115]) durch Gesten und Zeichen - und Rituale - als „Korsett menschlicher Gesellschaften."[116] Rituale bieten ein „[...] Orientierungssicherheit gewährleistendes Verhalten"[117] und sind daher besonders in kleineren Gesellschaftsformen präsent (was auch Bergesen erwähnt)[118] Den „ritualisierten Anti-Ritualismus" beschreibt der Autor an Hand von Massenbewegungen wie der Friedensbewegung, aber z. B. auch Pilgerfahrten. Diese nur durch „gemeinsame Ideen und eine gemeinsame Werthaltung" gekennzeichneten Bewegungen[119] werden durch Rituale als Mitglieder einer transitorischen Gemeinschaft vorübergehend zu gemeinsamem Handeln und Erleben verbunden.[120]

---

112 Holl zitiert nach Wolf (wie Anmerkung 14), hier S. 80f.

113 Im Interview mit Witzmann, Erich: Sehr modern: Schnupperreligiosität. Der Theologe Adolf Holl über den Bedarf an Autorität, die Zukunftslosigkeit der Religionen in Europa und die religiöse Einbildungskraft. In: Die Presse Nr. 17.747 vom 5.4.2007, S. 31.

114 Soeffner, Hans-Georg: Die Ordnung der Rituale. Die Auslegung des Alltags 2. Frankfurt a. M. 1992, S. 103.

115 Kaschuba (wie Anmerkung 80), S. 187.

116 Soeffner (Anmerkung wie 114), S. 105.

117 Ebd. S. 108.

118 Ebd. S. 106.

119 Vgl. ebd. S. 110.

120 Vgl. ebd. S. 115.

3.2 Symboltheorien

Rituale und Symbole werden im kulturwissenschaftlichen Diskurs wegen ihrer ähnlichen Wirkung in enger Verbindung gesehen. Auch „Symbole sind [...] identitätsbildend, über sie realisiert sich die Erfahrung von Gemeinsamkeit."[121]

> Erstens verfügen Symbole [...] über besondere emotionale Qualitäten [...]; zweitens stehen Symbole in Diskurs- und Wertordnungen, die von der Dynamik gesellschaftlichen Wandels nicht unabhängig sind; drittens sind Symbole bedeutungsoffen, sie sind multivokal - [...] selbst das christliche Kreuz ist vielfältig konnotierbar.[122]

Das gilt in noch stärkerem Ausmaß für das nicht nur religiös konnotierte Herz. „Symbolisches [...] hat eine eigene Energie [...] und entfaltet spezifische Wirkungen"[123] mit gemeinschaftsbindender Kraft.

Bourdieu weist nach, dass Menschen einen (kollektiven oder individuellen) Habitus bilden und damit klare Botschaften über eigen und fremd, über Identität und Gruppenzugehörigkeit aussenden durch die Gesamtheit sozialer Handlungen bis hin zu Konsumverhalten, Lebensstil, Geschmack, und - mit Max Weber - Stilisierung des Lebens. Sie verleihen der sozialen Stellung Ausdruck, bestimmen den Wert innerhalb einer Sozialstruktur und dienen als „Distinktion" gegenüber Personen außerhalb der jeweiligen Gruppe.[124]

Doch wird der Habitus nicht nur durch Äußerlichkeiten geprägt. Denn, so F. W. Graf, Religion ist als „Kontingenzbewältigungspraxis"[125] eine

> zentrale Produktivkraft [...], die in ihren Symbolsprachen, Riten, Liturgien und impliziten moralischen Codes entscheidend den Habitus von Individuen prägt, zur Konstruktion kollekti-

---

121 Korff, Gottfried: Antisymbolik und Symbolanalytik in der Volkskunde. In: Brednich, Rolf und Heinz Schmidt (Hg.): Symbole. Zur Bedeutung der Zeichen in der Kultur. Münster u. a. 1997, S. 11-30, hier S. 24.

122 Ebd. S. 12.

123 Ebd. S. 12.

124 Vgl. Bourdieu, Pierre: Zur Soziologie der symbolischen Formen. Frankfurt a. M., S. 42-75.

125 Graf, Friedrich Wilhelm: Beeinflussen religiöse Weltbilder den ökonomischen Habitus? In: Berghoff, H. und Jakob Vogel (Hg.): Wirtschaftsgeschichte als Kulturgeschichte. Frankfurt a. M. 2004, S. 241-263, hier S. 248.

ver Identitäten beiträgt [...] und das sozial relevante Vertrauenskapital fördern kann [...].[126]

Ein von Frömmigkeit geprägter Habitus weise hohe asketische Selbstdisziplinierung, Kontrolle der Emotionen, Stetigkeit der Lebensführung, Leistungsbereitschaft, Ehrlichkeit und Solidarität auf;[127] die gemeinsame Zugehörigkeit zu einer Konfession schafft gegenseitiges Vertrauen, fördert Beziehungen, stärkt die soziale Position und öffnet Zugang zu anderen gesellschaftlichen Kreisen.[128] „Ohne Vertrauen sind Märkte nicht funktionsfähig [...]"[129], und deshalb kommt dem Habitus ein eigener ökonomischer Wert zu.

Denn Religion unterstützt das Bestreben, feste Bindungen zu schaffen bzw. zu bewahren; „gruppenspezifische Moralvorstellungen, Symbole und Habitualisierungen" spielen hier eine „nicht zu überschätzende Rolle."[130]

Bourdieu hat nicht nur den Begriff des Habitus und die in dessen Zeichengebung gebündelte Symbolkraft beschrieben. Er schließt auch an Ernst Cassirer an, der die Theorie der Sprache als einer kognitiven Struktur „[...] auf alle symbolischen Formen ausgeweitet (hat), insbesondere auf die Symbole des Ritus und des Mythos, also auf die Religion im Sinne einer Sprache"; Religion und Riten dienen somit als Kommunikations- und Erkenntniswerkzeug, als „[...] symbolisches Medium, als eine Möglichkeitsbedingung für die grundlegende Form des Konsenses, der im Einverständnis über den Sinn der Zeichen und dem Sinn der Welt besteht, den diese Zeichen zu konstruieren erlauben."[131] Religion besitzt demnach mit Bourdieu einen symbolischen Wert, indem existentielle Erfahrungen von Angst, Ohnmacht und Grenzüberschreitungen (Liminalität!) einen Bedarf an rituellen Handlungen und Symbolen erzeugen, der von der Religion durch symbolische Heilsgüter befriedigt wird.[132] In seinem Buch „Das religiöse Feld"

---

126 Graf (wie Anmerkung 1), S. 106f.

127 Ebd. S. 190f.

128 Vgl. Knoblauch (wie Anmerkung 6), S. 211.

129 Berghoff, Hartmut: Die Zähmung des gefesselten Prometheus? Die Generierung von Vertrauenskapital und die Konstruktion des Marktes im Industrialisierungs- und Globalisierungsprozess. In: Berghoff, H. und Jakob Vogel (Hg.): Wirtschaftsgeschichte als Kulturgeschichte. Frankfurt a. M. 2004, S. 143-167, hier S. 161.

130 Vgl. ebd. S. 151.

131 Bourdieu, Pierre: Das religiöse Feld. Texte zur Ökonomie des Heilgeschehens. Konstanz 2000, S. 39f.

132 Vgl. Bourdieu zitiert nach Knoblauch (wie Anmerkung 6), S. 213.

schließt der Verfasser an Max Webers „Wirtschaft und Gesellschaft" an, der darin die Entstehung der organisierten Priesterschaft und der institutionalisierten Kirche aus der Auseinandersetzung mit charismatischen Zauberern und Propheten analysiert hatte. Bourdieu führt diese Überlegungen mit dem Begriff des „Religiösen Feldes" weiter, das aus dem Kräfteverhältnis zwischen den Priestern einer strukturierten Kirche, den außen stehenden Anbietern von Glaubensinhalten und den Laien besteht, und das eine objektive Struktur als Untergrund für das „typische" Handeln der Beteiligten bietet. [133]

> Die Konstituierung eines religiösen Feldes ist das Ergebnis der Monopolisierung der Verwaltung von Heilsgütern durch ein Korps von religiösen Spezialisten, die als die ausschließlichen Inhaber der zur Produktion oder Reproduktion eines organisierten Korpus von geheimem, also seltenem Wissen notwendigen spezifischen Kompetenz gesellschaftliche Anerkennung genießen.
>
> Insofern geht sie Hand in Hand mit der objektiven Enteignung derer, die davon ausgeschlossen sind und die solchermaßen als Laien bzw. Profane ihres religiösen Kapitals (als akkumulierter symbolischer Arbeit) beraubt sind [...].[134]

Die Konkurrenzbeziehungen zwischen den verschiedenen anbietenden Spezialisten um die Bedienung dieser Nachfrage sind das dynamische Element des religiösen Feldes und damit auch der Wandlungen der religiösen Ideologie:

> Die religiöse Botschaft, die am ehesten die Nachfrage einer bestimmten Gruppe von Laien befriedigen kann [...] ist auch diejenige, die ihr ein (quasi)System an Rechtfertigungen für die Eigenschaften bietet, die ihr objektiv anhaften[135],

wobei die religiösen Botschaften entweder von den Spezialisten (bewusst) oder von den Rezipienten (unbewusst, durch ihre eigenen Wahrnehmungskategorien) umgedeutet werden.

Aber

> je näher die Priesterschaft in einer Klassengesellschaft daran ist, das de facto Monopol der Verwaltung der Heilsgüter zu erhalten, umso divergierender, ja sogar widersprüchlicher sind die religiösen Interessen, auf die ihre homiletische und seelsorgerische Aktivität antworten muss, und umso mehr neigen diese

---

133 Bourdieu (wie Anmerkung 131), S. 118.

134 Ebd. S. 56f.

135 Ebd. S. 73.

> Aktivität und die mit ihrer Ausübung betrauten Akteure dazu, sich zu unterscheiden (vom Hofgeistlichen zum Landpfarrer, vom mystischen Fideismus zum magischen Ritualismus).[136]

In diesem Feld ist die Kirche bestrebt, ihr Monopol auf das religiöse Kapital zu verteidigen und

> [...] den Eintritt neuer Heilsunternehmen wie Sekten oder aller unabhängigen Formen religiöser Vergemeinschaftung zum Markt, aber auch die individuelle Heilssuche (z. B. über Asketismus, Kontemplation oder die Orgie) [...] zu unterbinden.[137]

Dazu bedarf es eines kirchlichen bürokratischen Apparates und eines Marktes für die religiösen Güter, also Laien „[...] die als Konsumenten mit einem Minimum an religiöser Kompetenz (einem religiösen Habitus) ausgestattet sind."[138]

Dieses religiöse Monopol wird dadurch verstärkt, „dauerhaften Einfluss auf die Praxis und Weltsicht der Laien zu nehmen, indem sie ihnen einen religiösen Habitus aufzwingt und einprägt."[139]

Dabei bringt jede Ausdehnung der Macht der Priesterschaft, z. B. durch Missionierung, einen verstärkten Zwang zur Anpassung an die religiösen Vorstellungen der verschiedenen Laien, zu einer „Diversifizierung der Predigt- und Seelsorgetechniken wie auch einer vom mystischen Fideismus bis zu magischem Ritualismus reichenden extremen Verschiedenheit religiöser Erfahrungen."[140]

Deshalb verdanken Bourdieu zufolge die religiösen Vorstellungen und Verhaltensweisen ihre Verbreitung der Tatsache, dass sie für die verschiedenen Gruppen völlig unterschiedliche Bedeutungen und Funktionen haben, die nur durch ein Minimum als gemeinsame Dogmen und Riten verschleiert werden.[141] Die professionelle Priesterschaft muss sich dabei mit außenstehenden Propheten wie mit der Kritik intellektueller Laien auseinandersetzen,

> [...] und dies auf der Ebene des Ritualismus wie auf dogmatischem Gebiet. Die Notwendigkeit der Verteidigung gegen die konkurrierenden Propheten und gegen den Laien-Intellektualismus tragen ihren Teil zur Hervorbringung „veralltäglichter"

---

136 Ebd. S. 35.

137 Ebd. S. 78.

138 Ebd. S. 81.

139 Ebd. S. 23.

140 Ebd. S. 93.

141 Vgl. ebd. S. 71ff.

> Instrumente religiöser Praxis bei [...]. Die Konkurrenz [...] drängt die Priesterschaft zu einer „Ritualisierung" der religiösen Praxis sowie eine Vereinnahmung magischer Vorstellungen (etwa Heiligenkult [...]).[142]

Der Gegensatz zwischen den Verwaltern des Heiligen und den profanen Laien bietet einen

> Ausgangspunkt für den Gegensatz zwischen dem Heiligen und dem Profanen und dementsprechend zwischen der legitimen Handhabung (Religion) und der profanen oder profanisierenden Handhabung (Magie oder Hexerei) des Heiligen, ob es sich nun um eine objektive Profanisierung handelt, d. h. um Magie oder Hexerei als beherrschte Religion oder um eine beabsichtigte Profanisierung, d. h. um Magie als Gegenreligion oder verkehrte Religion.[143]

Im Anschluss an Durckheim vertritt der französische Ethnologe weiters die Auffassung,

> dass es eine Entsprechung zwischen den sozialen Strukturen (oder streng genommen den Machtstrukturen) und den mentalen Strukturen geben muss, eine Entsprechung, die sich mittels der Struktur der symbolischen Systeme, Sprache, Religion, Kunst etc., einstellt.[144]

Deshalb kritisiert er, dass Ethnologen äußerst selten systematische Information über die religiösen Akteure, etwa ihre Funktion in der Sozialstruktur, liefern. Obwohl

> die Riten oder die Mythen selbst in den am wenigsten differenzierten Gesellschaften je nach Interesse und verschiedenen sozialen Kategorien Gegenstand abweichender, ja gar verschiedener Gebrauchsweisen sind, und durch die religiösen Praktiken und Glaubensinhalte signifikante Variationen aufweisen, die nicht einfach als strukturale Varianten abgetan werden können, stellen sie sich nur ausnahmsweise die Frage nach der Verteilung religiöser Kompetenz nach Geschlecht, Alter, sozialem Rang, der technischen Spezialisierung oder dieser oder jener sozialen Besonderheit.[145]

Korff beschäftigt sich mit dem gerade im religiösen Kontext bedeutungsvollen Symbol-Thema („Antisymbolik und Symbolanalytik in der

---

142 Ebd. S. 36.

143 Ebd. S. 63f.

144 Ebd. S. 49.

145 Ebd. S. 62f.

Volkskunde") und hebt dabei besonders den „multivokalen", „vielfältig konnotierbaren" Charakter der Symbole hervor, die nicht immer eindeutige und klare Botschaften enthalten; sie unterliegen einer „Unschärfe-Relation" und damit auch dem Einfluss und der Interpretation durch Deutungseliten.

Er verweist zudem auf das - u. a. wegen der Symbol-Mythisierung in der Romantik und ihrer politischen Vereinnahmung in der NS-Zeit - zurückgegangene Interesse der Wissenschaft an der Symbolforschung und die Notwendigkeit einer historisch-kritischen Auseinandersetzung mit der Bedeutung von Symbolen.[146]

Bernd J. Warneken bezeichnet Symbole als „[...] sinnliche Kürzel für bestimmte Abläufe und Zustände [...]"[147], sieht aber ebenfalls empirisch einen Rückgang ihrer Bedeutung und betont die Notwendigkeit einer „dialogen Feldforschung" zur Vermeidung von Symbol-Fehlinterpretationen durch „Heran- und Hinaufinterpretieren".[148]

Auch F. W. Graf erkennt:

> religiöse Sprachen [...] sind gekennzeichnet durch hohe Vieldeutigkeit und Interpretationsoffenheit: Gerade in der Unbestimmtheit der religiösen Sprache liegt ihre spezifische Leistungskraft, alles zweckrational fixierte Wissen und real existierende sozial-kulturelle Welten zu überschreiten.[149]

Urs Baumann hingegen befindet:

> Nur mit Hilfe unserer mentalen Erkenntnismodelle haben wir überhaupt einen Zugang zur Wirklichkeit selbst. Ob wir uns dabei der ‚Landkarte' der Mathematik, der Kunst, der Musik, der Mystik oder Religion bedienen, immer bewegen wir uns in Symbolwelten, die uns eine Vorstellung des Wirklichen vermitteln, aber nie die Wirklichkeit selbst sind.[150]

---

146 Vgl. Korff (wie Anmerkung 121), S. 11-30.

147 Warneken, Bernd Jürgen: Ver-Dichtungen. Zur kulturwissenschaftlichen Konstruktion von „Schlüsselsymbolen". In: Brednich, Rolf und Heinz Schmidt (Hg.): Symbole. Zur Bedeutung der Zeichen in der Kultur. Münster u. a. 1997, S. 549-562. hier S. 549.

148 Ebd. S. 555.

149 Graf (wie Anmerkung 1), S. 274.

150 Baumann, Urs: Die Theologische Perspektive. 6. Die Insel des Menschen. In: Baumann, Urs (Hg.): Gott im Haus der Wissenschaften. Ein interdisziplinäres Gespräch. Frankfurt a. M. 2004, S. 21-55, hier S. 42.

4 Methode der Untersuchung

Für den Zweck meiner Untersuchung grenzte ich das Feld der Arbeit bewusst auf die Gemeinde N. im Burgenland ein, um einen überschaubaren und im Rahmen einer Diplom-Arbeit technisch auch bewältigbaren Bereich abzustecken. Meine Wahl war auf diese Gemeinde gefallen, weil mir bei meinen ersten Kontakten mit Herz-Jesu-Verehrern bedeutet worden war, dass sich dort unter Leitung eines engagierten Pfarrers eine größere Anzahl von Herz-Jesu-Familien gebildet hatte.

Dabei ging ich mit qualitativen mündlichen Interviews und teilnehmender Beobachtung vor, um durch „[...] gezieltes Miterleben eine sinnverstehende (emische) Deutung und Interpretation [...]"[151] zu erlangen, verzichtete jedoch auf die vorherige Aussendung von Fragebögen. Die Interviews anhand eines eigenen teilstandardisierten Fragenkatalogs wurden mit Tonband und anschließender Transkription aufgezeichnet. Zwecks Herstellung einer Vertrauensbasis hatte ich ein Einführungsschreiben der Universität Wien eingeholt. Außerdem wandte ich mich, um eine hinreichend aussagekräftige Anzahl von Personen zu finden und die Zahl von Interview-Verweigerern möglichst niedrig zu halten, an den in der Herz-Jesu-Verehrung in Österreich führend tätigen Doz. Pater IF mit der Bitte um Einführung. Den Gesprächspartnern, die ich im ihnen vertrauten häuslichen oder kirchlichen Rahmen befragte, sicherte ich volle Anonymität zu.

Nicht unerwartet ergaben sich bei der praktischen Arbeit die in der Feldforschung „vielbeachtete Ambivalenz zwischen Nähe und Distanz"[152] sowie - angesichts des Themas - Schwierigkeiten mit den „Anforderungen der traditionell empirischen Sozialforschung, wiederholbar, quantifizierbar, messbar [...]" zu sein.[153]

Solche Erfahrungen beschreiben auch Favret-Saada („Die Wörter, der Zauber, der Tod") und Th. Hauschild („Magie und Macht in Italien") in ihren Feldarbeiten über Hexenglauben und religiös-magische Themen in Frankreich bzw. Süditalien.

---

151 Schmidt-Lauber, Brigitta: Das qualitative Interview oder: Die Kunst des Reden-Lassens. In: Göttsch, Silke und Albrecht Lehmann (Hg.): Methoden der Volkskunde. Positionen, Quellen, Arbeitsweisen der Europäischen Ethnologie. Berlin 2001, S. 165-186, hier. S. 169.

152 Ebd. S. 170.

153 Jeggle, Utz: Feldforschung. Qualitative Methoden in der Kulturanalyse. Jeggle, Tübingen 1984, S. 165-186, hier S. 169.

Auch M. Scharfe zeigt in einer Fallstudie der Übergangsphase von Volksfrömmigkeit (dem „Beten") zu Rationalität (dem „Messen"), wo in einer existentiell ausgesetzten Situation der „alte Glaube" vorübergehend suspendiert und durch Konzentration auf die eigenen Fähigkeiten ersetzt wird, dass es trotz der „Selbstermächtigung des Menschen" zur „Emanzipation von Gott" kulturelle Handlungen gibt, „deren Herkunft dunkel ist und die unerklärt bleiben."[154]

Hauschild sagt deshalb,

> wir werden den Realitäten des Religiösen nicht gerecht, wenn wir den schwarzen Faden der lukanischen Tradition als Aberglaube abtun [...]. Selbst die modernen Menschen [...] fallen immer wieder auf die katholischen Bilder zurück, im Urlaub, beim heimlichen Kerzenstiften in italienischen Kirchen [...].[155]

Die rein von außen betriebene teilnehmende Begleitung erwies sich nach Favret-Saadas Beobachtungen nicht in allen Bereichen als geeignet, bewusste oder unbewusste Widerstände bei den befragten Personen zu überwinden. Bei Einnahme einer Position der Exteriorität in einer „partizipierenden" Beobachtungsstrategie verzichte der Ethnograph darauf, die „Rede der Betroffenen" kennen zu lernen; es entstehe der Eindruck zweier unvereinbarer physikalischer Theorien, einer prälogischen oder mittelalterlichen der zaubergläubischen Bauern, und die der Gebildeten, die Kausalitätsbeziehungen richtig handhaben; „es gibt keinen Platz für einen nicht engagierten Beobachter."[156]

Nach Rolf Lindner bedarf es sogar „der dialektischen Spannung von Nähe und Distanz [...]", wobei er Distanz als „Präsentation der eigenen Identität" des Forschers und gegenseitige Kommunikation mit dem Untersuchungsgegenstand versteht und sich daher gegen „Standpunktlosigkeit [...] als Postulat wissenschaftlicher Komplexität"[157] wendet.

---

154 Vgl. Scharfe, Martin: Valentin Stanig besteigt den Watzmann, 1800. Fallstudie zu einer kulturellen Szene. In: Böhnisch-Brednich, Brigitte u. a. (Hg.): Erinnern und Vergessen. Vorträge des 27. Deutschen Volkskundekongresses Göttingen 1989 (= Schriftenreihe der Volkskundlichen Kommission für Niedersachsen, Bd. 6). Göttingen 1991, S. 19-46, hier S. 29ff, 146.

155 Hauschild (wie Anmerkung 81), S. 210.

156 Vgl. Favret-Saada, Jeanne: Die Wörter, der Zauber, der Tod. Der Hexenglaube im Hainland von Westfrankreich. Frankfurt a. M. 1979, S. 33, 11f, 18.

157 Lindner, Rolf: Die Angst des Forschers vor dem Feld. Überlegungen zur teilnehmenden Beobachtung als Interaktionsprozeß. In: Zeitschrift für Volkskunde Nr. 77, 1981, S. 51-66, hier S. 64f.

F. W. Graf mahnt ebenfalls, der Religionsforscher müsse den Glauben der Frommen analytisch ernst nehmen und Sündenangst und Erlösungsbedürftigkeit nachzuvollziehen versuchen. Er müsse erkennen, wie Gott dazu verhilft, die Welt sinnhaft zu deuten und diffuse Leben in eine kohärente Lebensgeschichte zu überführen, und religiöse Selbstzeugnisse mit Charity (Anm: mit Anteilnahme) lesen können. Religiöser Glauben verschaffe Anschaulichkeit durch Götterbilder, Ikonen, Kerzen, Heiligenbildchen, und auch der Religionskitsch von Pilgerreisen bilde Medien von Andacht, Ehrfurcht, Gottvertrauen, Selbstbesinnung.[158]

Für die Wiedergabe meiner Erhebungen orientierte ich mich an der „dichten Beschreibung“ (Geertz 1987), in der die Forschungsobjekte als „Koautoren“ selbst zu Wort kommen, wodurch die Authentizität ihrer Mitteilungen besser gewahrt bleibt.[159]

Obwohl ich von den Mitgliedern der Herz-Jesu-Familie, die ich interviewte und begleitete, sehr freundlich aufgenommen und von dem sie betreuenden Seelsorger eingeführt wurde, war es doch nicht leicht, persönlich den Zugang zu dieser kultischen Welt zu erschließen, in die im transzendenten Bezugsfeld der Herz-Jesu-Verehrer verorteten persönlichen Erlebnisschichten einzudringen und sie zu objektivieren. Es handelt sich ja um sehr persönliche und individuelle Überzeugungen religiöser Natur, die in der diesseitigen, realen Welt nicht „beweisbar“ oder empirisch nachprüfbar sind.

Die befragten Mitglieder aus mehreren Herz-Jesu-Familien im Burgenland waren zwischen 30 und 75 Jahre alt, ausschließlich Frauen, und kamen aus unterschiedlichen Berufsgruppen - überwiegend aus der Landwirtschaft, darunter fanden sich aber auch z. B. eine ehemalige Geschäftsinhaberin und eine Volksschullehrerin.

Als Grundlage für diese Arbeit dienten neben der im ersten Teil ausführlich zusammengefassten Literatur vor allem die Interviews mit Mitgliedern von „Herz-Jesu-Familien“, deren „Aposteln“ und mit Herz-Jesu-Priestern sowie Schriften von Ordensgemeinschaften, die sich besonders der Herz-Jesu-Verehrung annehmen. Wenngleich dieses Material für sich genommen umfangmäßig zu keiner abschließenden Beurteilung berechtigt, lassen sich im Verein mit den in der Ritual- und Symbol-Literatur wiedergegebenen Beobachtungen doch einige allgemeinere Feststellungen treffen, die zum Abschluss der Arbeit zusammengefasst werden sollen.

---

158 Vgl. Graf (wie Anmerkung 1), S. 31ff.

159 Vgl. Schmidt-Lauber (wie Anmerkung 151), S. 182.

5 Herz-Jesu-Familie

5.1 Ursprung der Herz-Jesu-Familie

Moore beschreibt die Familie des heiligsten Herzens Jesu, kurz „Herz-Jesu-Familie", als eine sehr junge Vereinigung, die im August 1971 in Montreal, Kanada, während eines neuntägigen Gebets des Theologiestudenten Pierre Gendron zur Vorbereitung auf das Fest der Aufnahme Mariens in den Himmel entstand:[160]

> Als er in eine Kirche kam, wo das Allerheiligste zur Anbetung ausgesetzt war, hatte er im Gebet folgende Eingebung: Er solle eine Gebetsgruppe gründen, die der Liebe des eucharistischen Herzens Jesu gewidmet, dieses Sakrament der Liebe inniger lieben werde indem sie Jesus Liebe für Liebe in einem immerwährenden und intensiven Gebet wiedergeben würde, ein Gebet, das persönlich und gemeinschaftlich zugleich ist.[161]

In dieser Darstellung zeigen sich bereits einige Elemente, die - wie auch die Interviews zeigen werden - wesentliche Rituale der Herz-Jesu-Verehrung vorwegnehmen: Die Aussetzung des Allerheiligsten zur sinnlich wahrnehmbaren Vorzeigung der Hostie an die Gläubigen, die (mystisch-visionäre) Eingebung, das intensive persönliche und zugleich gemeinschaftlich-verbindende Gebet sind Kennzeichen einer Ritualverbundenheit, die gerade für diese Art der meditativen Frömmigkeit charakteristisch sind: Auch Andachtsübungen im familiären oder privaten Lebensbereich gehören zu diesem Bereich des christlichen Kultes; sie sind Gebete

> in Formen, die sozusagen anonym aus dem Grund des kollektiven christlichen Gedächtnisses hervorgegangen sind und in denen Elemente der Volkskultur harmonisch mit wesentlichen Inhalten der Botschaft des Evangeliums verbunden sind.[162]
>
> Das Gebet der Herz-Jesu-Familie ist auch ein Gebet miteinander und füreinander, ein Gebet, das große Macht hat, weil dieses Gebet innerhalb einer geistigen Familie ein gemeinsames und solidarisches ist, das darüber hinaus mit einer unübersehbaren

---

160 Vgl. Moore (wie Anmerkung 34), S. 56.

161 Vgl. Informationsblatt: Kurzinformation über die Herz-Jesu-Familie und ihre Spiritualität. (ausgeteilt am Herz-Jesu-Feiertag am 23.6.2006 in der Kirche am Hafnerberg in NÖ), S. 1.

162 Direktorium (wie Anmerkung 73), Nr. 82.

Schar von Betern weltweit verbunden ist, denn alle beten die gleichen Gebete, die uns miteinander verbinden.[163]

Der Kölner Kardinal J. Meisner bezeichnete deshalb das Gebet als „die verborgene Großmacht der Welt, es vermag auch dort noch zu wirken, wo menschliches Unvermögen zu triumphieren scheint."[164]

5.2 Entstehung und Struktur in Österreich

Die Gebetsgemeinschaft der Familie des Heiligsten Herzens Jesu, im deutschen Sprachraum kurz Herz-Jesu-Familie genannt, ist heute in 44 Ländern verbreitet.[165]

In Österreich ist die Organisation der Herz-Jesu-Familie seit 1984 vertreten. Sie ist in Familien (Gebetsgruppen) gegliedert, derzeit gibt es 1269 geistige „Familien."[166] Ihre jeweils 14 Mitglieder verpflichten sich, dreimal im Jahr eine Novene (das ist die Wiederholung einer vorgegebenen Gebetsordnung, in diesem Fall eigener Herz-Jesu-Gebete, an neun aufeinander folgenden Tagen) zum heiligsten Herzen Jesu zu halten. Die Novenen werden zu festgesetzten Zeiten gebetet, alleine oder mit anderen, wodurch ein „immerwährendes Gebet" entsteht: beendet ein Mitglied seine Novene, beginnt ein weiteres Mitglied der Familie mit seinem Gebet. Insofern ist es auch ein gemeinsam weltweites Gebet, weil jeder Beter Anteil am Gebet der anderen Mitglieder hat. Jedes Tagesgebet beginnt mit einem Weihegebet an die Gottesmutter Maria[167], worin auch die innige Verbindung des Kultes - Knoblauch definiert Kult als eine soziale Form der Religion, „die einen privaten persönlichen Charakter aufweist und keine formelle Mitgliedschaft kennt"[168] - mit der Marien-Verehrung zum Ausdruck kommt.

Die Leitung einer jeden „Familie" obliegt einem „Apostel", der die Mitglieder seiner „Familie" an ihr Gebet erinnert und Schriften wie den 3x jährlich erscheinenden Rundbrief[169] verteilt. Durch diesen Rundbrief bleiben „Zentrale" und Regionalapostel in Kontakt mit den einzelnen „Aposteln" und dieser mit seinen Familienmitgliedern. „Dabei ergeben sich oft Gelegenheiten, einander zu helfen oder füreinan-

163 Informationsblatt (wie Anmerkung 161) S. 2.

164 Ebd. S. 3.

165 Ebd. S. 1.

166 Interview mit IW vom 8.4.2006

167 Vgl. Informationsblatt (wie Anmerkung 161), S. 2 und 3.

168 Knoblauch (wie Anmerkung 6), S. 149.

169 Interview mit GR am 17.1.2006

der zu beten:“[170] Neben anderen Schriften wie „Leben in Fülle“[171] bietet die Vereinigung u. a. auch Wallfahrten und Einkehrtage und Exerzitien an.

Die Entstehung der Herz-Jesu-Familien in Österreich schildert RK wie folgt: Die Bewegung kam

> über Deutschland - da gibt es ein Informationsblatt, das gebe ich Ihnen gerne - wahrscheinlich so 1984. Ich weiß nur, dass ich das erste Mal 1989 konfrontiert wurde.
>
> Ein gewisser Herr WM hat bei einem Einkehrtag die Frau Z. kennen gelernt, [...] hat von ihr die Herz-Jesu-Bücherl bekommen mit der Bitte, er möge eine Herz-Jesu-Familie gründen, und Herr M. hat die Büchlein an den Sekretär der Pfarre F. weitergegeben. F. ist eine Nachbargemeinde, die nicht zu G. gehört, wo ich aber meine geistliche Heimat habe und dort bin ich auch bei der Legio Mariae und treffe mich jede Woche mit der Gruppe. Und ausgerechnet mir hat der Pfarrer diese Büchlein in die Hand gedrückt und hat gesagt ‚Frau K. gründen Sie eine Herz-Jesu-Familie‘ und hat mir ein Informations-Blatt gegeben, denn ich wusste ja nichts davon.
>
> Ich habe dann die erste Familie gegründet, also zuerst mit unseren Legionären, die habe ich natürlich alle geworben und so eine Familie, das wissen Sie ja, hat 14 Beter. Und dann hatte ich die erste Familie.
>
> [...] Obwohl ich mir das nicht auf die Fahnen heften werde, es war so: ich habe das Ganze in die Wege geleitet, dass es auch in ganz Österreich einheitlich funktioniert. Ich bin damals wirklich in die Bundesländer gefahren [...]. Das war mir nicht zuviel.[172]

Über eine eigentliche Organisation oder organisierte Struktur verfügt die Bewegung der Herz-Jesu-Familie in Österreich allerdings nicht. Wie mir etwa die „Leiterin“ eines Bundeslandes, die gleichzeitig für ganz Österreich zuständig ist, mitteilte, beschränkt sich ihre organisatorische Tätigkeit auf die Evidenzhaltung und Ergänzung des Adressenmaterials der Herz-Jesu-Familien für die Versendung des Rundbriefes. Ihre Aktivität wie auch die der „Apostel“ ist eine rein ehrenamtliche und schon alleine dadurch in ihren Möglichkeiten stark beschränkt. Auffällig in der heutigen Epoche der modernen Kommu-

---

170 Informationsblatt (wie Anmerkung 161), S. 4.

171 Interview mit RK vom 11.4.07

172 Ebd.

nikationsmittel ist der Verzicht auf elektronische Hilfsmittel wie etwa die Einrichtung einer Homepage für die Herz-Jesu-Familien. Das dürfte in erster Linie mit dem Alter der Bundesländer-Führungskräfte zusammenhängen, wie mir RK bestätigte:

> Die Gruppen sind total veraltet, wir sollten junge Leute dazu kriegen, aber die jungen Leute, die religiös sind, dann wenden sie sich Medjugorje, Schio oder Fatima zu oder sie sind bei den charismatischen Bewegungen mit viel Gesang und Bewegung.[173]

Es mögen aber auch noch andere Gründe mit maßgeblich sein, wie etwa die mangelnde Vertrautheit vieler Herz-Jesu-Familienmitglieder mit dem modernen Gerät oder einfach der fehlende Bedarf, da die Werbung für die Bewegung hauptsächlich auf persönlicher Bekanntschaft und Kontaktnahme beruht. Trotz dieser Beobachtung wäre die Herstellung eines grundsätzlichen Zusammenhanges zwischen dieser Technik-Ferne und einer den Anhängern dieser Frömmigkeitsform inhärenten Wissenschaftsfeindlichkeit und prinzipiellen Ablehnung der Moderne zu weit hergeholt, wenngleich RK einräumt:

> Aber eine Internet-Seite für die Herz-Jesu-Familie, das wäre sicher etwas zum Aufgreifen, ich habe mir zwar wegen dem Herz-Jesu-Apostolat den Computer zugelegt, aber ich habe kein Internet und kenne mich damit auch nicht aus.
>
> Ich bin total Internetscheu, denn ich habe die panische Angst, dass ich mir mit dem Internet einen Virus einfange und dann meine schöne Adressenkartei und die anderen Daten weg sind. Aber vielleicht würde sich jemand finden der das betreut.[174]

---

173 Ebd.

174 Ebd.

6 Gender-Aspekte

Angesichts des überproportional hohen Anteils von Frauen in den Herz-Jesu-Familien stellt sich die Frage, ob es - besondere in der Volksfrömmigkeit - eine besondere weibliche Religiosität gibt und ob und inwieweit sie sich gegebenenfalls in eigenen Ritualen, alten oder neuen, und Symbolen manifestiert.

6.1 Zur Religiosität und Stellung von Frauen in der Herz-Jesu-Verehrung

„Dass Frauen religiöser und kirchlicher sind als Männer, ist Allgemeingut in der Religionssoziologie, in Deutschland wie in Europa."[175] Besonders deutlich wird dieser „weibliche Vorsprung bei den traditionellen Frauen im Vergleich zu den traditionellen Männern. Deren kirchlich-religiöse Verankerung bleibt weiter hinter der der Frauen zurück"[176]; mit „traditionell" sind hier Personen gemeint, die einer traditionsverhafteten, anti-modernistischen Form der Religionsübung anhängen.

Frauen bekennen sich in höherem Ausmaß zu einer Religion als Männer. Das zeigte sich in der letzten Volkszählung 2001, in der 81 Prozent der Frauen gegenüber nur 76 Prozent der Männer „katholisch" als ihre Religionszugehörigkeit angaben. „Als Hausregel kann gelten, dass von den Männern lediglich jeder Dritte zumindest gelegentlich ein Gotteshaus betritt, von den Frauen tut es aber fast jede Zweite", so das Ergebnis einer IMAS-Untersuchung vom Oktober/November 2006.[177]

An der Zusammensetzung der Herz-Jesu-Familien ist ein, gemessen an der durchschnittlichen Geschlechterverteilung in der österreichischen Bevölkerung (lt. Volkszählung 2001: 48,4 Prozent Männer, 51,6 Prozent Frauen), überdurchschnittlich hoher Anteil von Frauen bei der Herz-Jesu-Verehrung auffällig.

175 Volz, Rainer: Über die Hartnäckigkeit des ‚kleinen' Unterschieds - Religiosität und Kirchlichkeit im Vergleich der Geschlechter und ihrer Rollenbilder. In: Lukatis, Ingrid, u. a. (Hg.): Religion und Geschlechterverhältnis. Opladen 2000, S. 115-130, hier S. 115.

176 Ebd. S. 128.

177 ewi: Kirche ist überwiegend Frauensache. In: Die Presse 17.743 v. 31.3./1.4.2007, S. 3.

Das zeigte sich nicht nur bei der von mir teilnehmend beobachteten Herz-Jesu-Wallfahrt nach Hall in Tirol, deren Teilnehmer sich zu etwa 70 Prozent aus Frauen, überwiegend im Alterssegment über 50 Jahren, zusammensetzte. Ein ganz ähnliches Erscheinungsbild bietet der Besuch von Herz-Jesu-Messen, wo sich nur vereinzelt Männer - und auch diese nur in gehobenerem Alter - einfinden. Diese Beobachtung bestätigt sich auch beim Rosenkranzgebet in der Kirche, das in aller Regel einer Herz-Jesu-Messe voran geht und fast ausschließlich von Frauen bestritten wird.

Dieses gender-Phänomen wird noch deutlicher am Beispiel der Herz-Jesu-Familien selbst. Die von mir interviewte Gemeinschaft bestand nur aus Frauen, und meine Nachforschungen bei der Österreich-weiten Leitung der Herz-Jesu-Familien-Bewegung erbrachte zwar keine statistisch erfassten Daten, da solche nicht erhoben werden und die Bewegung der Herz-Jesu-Familie über keine institutionell strukturierte Verfassung verfügt, aber eine allgemeine Bestätigung, dass - wie meine Interviewpartnerin RK bestätigte - in der Herz-Jesu-Verehrung „naturgemäß mehr Frauen" sind. Angesichts der engen Verbindung zwischen der Marienverehrung und dem Herz-Jesu-Kult ist auch diese Beobachtung eine Bestätigung für die Feststellung, dass die gefühlsbetonte, mystisch angehauchte Andachtsform der Herz-Jesu-Verehrung Frauen offenbar stärker anspricht.

Nur in drei Bundesländern, nämlich in Vorarlberg, Kärnten und Tirol liegt die Führung der Landesorganisation in männlichen Händen, während es in allen anderen Bundesländern Frauen sind.[178] Bei Tirol ist anzunehmen, dass dies nicht zuletzt mit der besonderen historischen Tradition der Herz-Jesu-Verehrung in diesem Bundesland und ihrer Verbindung mit dem Abwehrkampf gegen die napoleonischen Truppen zusammenhängt, in dessen Verlauf sich das Land Tirol und seine Bevölkerung dem Herzen Jesu geweiht hatten.

Diese Daten führen zur Überlegung, ob es möglicherweise eine besondere weibliche Religiosität gibt. Eine derartige Untersuchung bedürfte allerdings einer über den Rahmen dieser Arbeit hinausgehenden Untersuchung.

Rein empirisch ist die Tatsache einer stärkeren Religiosität von Frauen in der Literatur durch Umfragen und Erhebungen vielfach und gut dokumentiert. Laut einer Befragung von 700 Tiroler Jugendlichen (14 bis 29 Jahre) über ihre religiösen und okkulten Praktiken etwa beschäftigten sich deutlich mehr junge Frauen als Burschen mit gefühlsabhän-

[178] Interview (wie Anmerkung 171)

gigen, esoterischen Themen wie Traumdeutung, Telepathie, Wunderheilungen usw.[179]

Auch Stefanie Tünnermann, evang. Gemeindevikarin, stellt fest, dass Kirche

> weniger als rationaler oder moralischer Anspruch, sondern vielmehr als eine Sache des Herzens erlebt (wird). Kerzen, Musik und Gerüche spielen eine große Rolle; Gebete, Liturgie und Heiligenverehrung werden als reichhaltige Identifikationsangebote für Frauen in der ihnen zugeschriebenen Frauenrolle erlebt.[180]

Im Vorwort zu „Glauben Frauen anders?" zeigt sich die Herausgeberin Marianne Dirks

> immer wieder überrascht über die selbstverständliche Unbefangenheit, mit der Vertreterinnen der feministischen Theologie von den weiblichen Werten des Gefühls und des Unbewussten, der Zartheit oder der Innerlichkeit sprechen.[181]

Der Wiener Pastoraltheologe Univ. Prof. Paul Zulehner ergänzt:

> Auf der einen Seite zeigt die europäische Wertestudie, dass Religion in Europa weiblich und Politik männlich ist. Es gibt so etwas wie eine Unzulänglichkeit der Männer in dem Bereich der Gefühle, in dem Bereich des Liebens, des Leidens und damit offenbar auch mit jener Religiosität, die an der Wurzel der Person lagert. Das ist die eine Seite: die notorische religiöse Stärke von Frauen ist traditionell vorhanden.[182]

6.2 Erklärungsmodelle der weiblichen Religiosität

Die unterschiedliche Religiosität von Männern und Frauen wird in der Literatur mit säkularisierenden gesellschaftlichen Entwicklungen begründet, von denen Männer schneller und intensiver erfasst wurden als Frauen,

---

179 Vgl. Wolf (wie Anmerkung 14), S. 77.

180 Tünnermann, Stefanie: Zugänge zum Bild der Frau in der orthodoxen Kirche. In: Fuhrmann, Siri, Irmgard, Pahl, u. a. (Hg.): Soziale Rollen von Frauen in Religionsgemeinschaften, Ein Forschungsbericht. Münster 2003, S. 39-54, hier 41.

181 Dirks, Marianne: Vorwort. In: Dirks, Marianne (Hg.). Glauben Frauen anders? Erfahrungen und Anstöße, Freiburg 1987, S. 7-16, hier S. 10.

182 Rossmann, Eva: Die Angst der Kirche vor den Frauen. Katholikinnen erzählen. Wien 1996, S. 47.

d. h. dass den Frauen insbesondere der Zugang zur rationalen, die Welt „entzaubernden" Wissenschaft und zur eigenständigen Berufsausübung länger verwehrt blieb. Ganz unabhängig davon seien zudem grundsätzlich Städter wegen der in der Stadt anzutreffenden größeren Heterogenität unterschiedlichster Subkulturen und Sinnanbieter weniger religiös als Landbewohner.[183] Kecskes sieht freilich im Gegensatz zu dieser Interpretation den entscheidenden Einfluss auf die Religiosität in der Sozialisation: „Ältere Menschen weisen einen stärkeren Gottesglauben als jüngere Menschen auf, weil sie religiöser sozialisiert wurden, wobei Frauen in ihrer Kindheit stärkeren ‚Religionserwartungen' ausgesetzt sind als Männer und danach selbst größere Verantwortung für die religiöse Erziehung der Kinder tragen."[184] „Selbst wenn also Frauen und Männer das gleiche Alter und die gleiche Ausbildung aufweisen, beide erwerbstätig sind und im gleichen Wohnort leben, sind Frauen religiöser als Männer."[185]

Eine weitere Erklärungsvariante bietet die Annahme, „bis heute bieten offensichtlich Religion und Kirchen für Frauen insbesondere Sicherheit, Selbstfindungs-, Trost-, Erbauungs- und Entspannungsmöglichkeiten."[186]

In einer unter volkskundlichen Gesichtspunkten durchgeführten Untersuchung spricht die amerikanische Ethnologin Sherry B. Ortner von einer nach ihrer Ansicht allgemein feststellbaren Begabung der Frau für konkrete und unmittelbare Gefühle und zwischenmenschliche Kontakte, für Personalismus und Partikularismus und relative Subjektivität im Gegensatz zu relativer Objektivität und Interesse für abstrakte Einheiten bei Männern.

Dies beruht ihrer Meinung nach darauf, dass Frauen generell für die frühe Kinderversorgung zuständig sind und diese von der weiblichen Rolle geprägte Erziehung bei Mädchen in das Erwachsenenalter weiter wirkt, wodurch eine Perpetuierung dieser sozialen Rolle der Frau eintritt. Diese von Ortner als „weibliche Psyche" bezeichnete Eigenschaft bringe negative wie positive Symbole hervor - einerseits Hexen, den

---

183 Kecskes, Robert: Religiosität von Frauen und Männern im internationalen Vergleich. In: Lukatis, Ingrid u. a. (Hg.): Religion und Geschlechterverhältnis. Opladen 2000, S. 85-100, hier S. 86 f

184 Ebd. S. 95f.

185 Ebd. S. 99.

186 Götz von Olenhusen, Irmtraud (wie Anmerkung 50), S. 44.

bösen Blick usw. und andererseits „weiblichen Symbolismus in Kunst, Religion, Ritual und Recht."[187]

Die Pressesprecherin einer früheren Frauenministerin, Elisabeth Rosenmayr, sagt deshalb:

> Es gibt einfach viel mehr Frauen, die sich über ihr Christsein Gedanken machen und es ausleben, als es solche Männer gibt.[188]

Auf die Frage nach einer Erklärung für den sehr viel größeren Frauenanteil an der Herz-Jesu Verehrung antwortet der Herz-Jesu-Apostel RK:

> Schauen Sie am Sonntag in die Kirche, auch da sind viel mehr Frauen.
>
> Weil die Frauen frommer und opferbereiter sind als Männer. Ich würde fast sagen die Männer haben eine Blockade, fast ein Schamgefühl - es ist einfach so, dass bei allen religiösen Veranstaltungen die Frauen in der Überzahl sind.[189]

6.3 Der Stellenwert weiblicher Rituale

Die von Sherry B. Ortner konstatierte „weibliche Psyche" und die allgemein angenommene besondere Gefühlsempfänglichkeit von Frauen zeigt sich auch an spezifisch weiblichen Formen und Ritualen der Religiosität, wie sie z. B. in neuen Gestaltungen der Liturgie zum Ausdruck kommen:

> Da trifft man sich zum Gottesdienst, der immer von zwei Frauen vorbereitet und geleitet wird. Am Anfang macht man eine Runde zum Ankommen und redet darüber, wie es einem geht und dann gibt es einen Gottesdienst in unterschiedlicher Form, wo auch experimentell sehr viel möglich ist. Dieser Gottesdienst wird von den Frauen selbst getragen und das sind oft sehr schöne und intensive Feiern.[190]

In der Wiederbelebung oder Neuschaffung spezifischer weiblicher Rituale findet der von E. Hobsbawm geprägte Begriff der „erfundenen Tradition" breite Bestätigung.

---

187 Vgl. Ortner, Sherry B.: Is Female to Male as Nature Is to Culture? In: Rosaldo, Michelle Zimbalist and Lamphere, Louise (Hg.): Woman, Culture, and Society. Stanford 1974, S. 67-87, hier S. 86.

188 Rossmann (wie Anmerkung 182), S. 31.

189 Interview (wie Anmerkung 171)

190 Rossmann (wie Anmerkung 182), S. 195.

> Feministische Ritual-Designer suchen, erschaffen oder entdecken erneut Aspekte der kulturellen Erfahrungen von Frauen, die im Laufe der Entstehung und Transmission von Kultur vergessen, unterdrückt oder negiert wurden [...].[191]

So entwickeln Frauen eigene, ihrer Spiritualität angepasste Rituale, wie Anne R. Andersson von der Theologischen Fakultät der St. John's University, New York, beschreibt:

> Die Rituale setzen alle unsere Sinne ein, sowohl stille Momente der Besinnung wie Gruppengespräche, und verwenden Symbole aus dem religiösen Hintergrund der Frauen (Weihrauch, Kerzen, Musik, Gebete, Lesungen ...).[192]

Lesley A. Northup, Dozent für Religion und Kultur an der Florida International University, sieht den Grund für die Entwicklung eigener, spezifisch weiblicher Rituale in einem patriarchalischen, der weiblichen Sensibilität nicht angemessenen Hintergrund:

> Frauen haben horizontale - gemeinschaftliche, körperliche, bodenverhaftete - statt vertikaler und transzendentaler Rituale, und das zeigt sich und findet Ausdruck in rituellen Symbolen und Bräuchen [...]. Das steht in ziemlich deutlichem Gegensatz zu den vertikalen und hierarchischen Ritualformen der traditionellen religiösen Systeme, die üblicherweise von Männern dominiert sind.[193]

Ganz ähnlich sehen Iris Müller und Ida Raming, dass

> entsprechend der untergeordneten Stellung der Frau in den Rechtsstrukturen der römisch-katholischen Kirche [ist] auch das religiöse Symbolsystem (z. B. Gottesbilder in der liturgischen Sprache, in Gebeten, Liedern ...) einseitig männlich geprägt.[194]

---

191 Neu, Diann L.: Women Revisioning Religious Rituals. In: Northup, Lesley A. (Hg.): Women and Religious Ritual. Washington 1993, S. 155-172, hier S. 159.

192 Andersson, Anne R.: Ritual and Feminist Critical Theology. In: Northup, Lesley A. (Hg.): Women and Religious Ritual. Washington 1993, S. 183-201, hier S. 188.

193 Northup, Lesley A.: Expanding the X-Axis: Women, Religious Ritual, and Culture. In: Dsb. (Hg): Women and Religious Ritual. Washington 1993, S. 141-152, hier S. 149.

194 Müller, Iris, Ida. Raming: Aufbruch aus männlichen „Gottesordnungen". Reformbestrebungen von Frauen in christlichen Kirchen und im Islam. Weinheim 1998, S. 46.

Deshalb findet Northup

> wenn tatsächlich das Ritual der Theologie und selbst dem Mythos vorangeht [...] dann ist die rituelle Praxis als wesentliche analytische Kategorie unterschätzt [...]. Deshalb kommt es inhaltlich zur Proliferation neuer und/oder wieder aufgegriffener religiöser Riten, die besonders für und von Frauen ausgearbeitet sind.[195]

Und Monika Altenbeck u. a. berichten aus bundesdeutschen Erfahrungen mit der Funktion einer in verschiedenen deutschen Diözesen bestellten so genannten „geistlichen Begleiterin/Leiterin" und deren Aufgaben:

> Gottesdienstgestaltung oder auch die Begleitung von Frauen vor Ort bei der Gestaltung von Gottesdiensten, Frauen-Liturgie, Bibelabenden, geistlichen Impulsen und Wallfahrten [...] sie regen z. B. an, Symbole auszuwählen und Rituale zu entwickeln, die Frauen in ihrer Spiritualität stärken, ermutigen [...] und auch Sinnlichkeit, Tanz, Körperlichkeit, neue Segensgesten [...] zu initiieren.[196]

Helga Maria Wolf berichtet über eine Umfrage in Wiener Pfarren, dass „40,4 Prozent der Pfarren von ‚neuen Bräuchen' wussten, während nur 14,1 Prozent vom Abkommen ‚alter Bräuche' berichteten". Dabei wurden neue Rituale geschaffen, andere revitalisiert (wie z. B. Fußwallfahrten) bzw. „althergebrachte oder wieder entdeckte Frömmigkeitsformen" wieder eingesetzt.[197]

Ein ähnliches Ergebnis zeigt eine Umfrage im Burgenland zu den Ritual-Bemühungen der dortigen Katholischen Frauenbewegung:

> Festgestaltung und christlicher Heimschmuck - zum Beispiel die Gestaltung von Kerzen, Hausfastentücher mit Kreuzstickerei, Osterteller und Weihwasserflaschen - sind inzwischen in vielen Familien üblich. So entstand durch Förderung ein Stück neue „Volkskunst" und „Volksfrömmigkeit".[198]

---

195 Sourcebook zitiert nach Northup (wie Anmerkung 193), S. 143.

196 Altenbeck, Monika u. a.: Ausschnitte aus einer Podiumsdiskussion auf dem Symposium der LAG „Soziale Rollen von Frauen" in Zusammenarbeit mit der Evangelischen Akademie in Iserlohn am 30.6.2002. In: Fuhrmann Siri, Pahl, Irmgard u. a. (Hg.): Soziale Rollen von Frauen in Religionsgemeinschaften. Ein Forschungsbericht. Münster 2003. S. 303-320, hier S. 310.

197 Wolf (wie Anmerkung 14), S. 84.

198 Ebd. S. 85.

6.4 Das Ehrenamt

Das in diesen alten oder wieder entdeckten rituellen Sonderformen für Frauen zum Ausdruck kommende wachsende Interesse am Ritual in der feministischen Theologie spiegelt sich auch indirekt in der Diskussion über die Stellung der Frau im Kirchendienst und in der kirchlichen Hierarchie. Dabei wird ein zugrunde liegendes Unverhältnis zwischen der Zahl der weiblichen Kirchgeher und der aktiv in Kirche und Gebet engagierten Frauen einerseits und ihrer Bedeutung und Stellung in der Organisationshierarchie der katholischen Amtskirche andererseits offenbar.

Hier soll nicht auf die Debatten und Auseinandersetzungen innerhalb des Kirchenvolkes und zwischen Teilen der Gläubigen und der Kirchenführung eingegangen werden, ob und inwieweit Frauen zu kirchlichen Funktionen wie Diakonie oder Priesteramt (wie das etwa bei der evangelischen Kirche der Fall ist) zugelassen werden können oder sollen. Diese seit Jahrzehnten geführte Erörterung gründet auf theologischen Argumenten, die den Rahmen einer volkskundlichen Arbeit überschreiten. Es bleibt aber zumindest der Eindruck, dass Frauen im Wesentlichen auf „dienende" und meist ehrenamtlich ausgeübte Funktionen im kirchlichen Leben beschränkt sind.

Irmgard Pahl hat die bestehenden Mitwirkungsmöglichkeiten von Frauen (und Männern) nach dem Codex iuris canonici von 1983 in einem Katalog zusammengestellt („Liturgie: menschengerecht - auch für Frauen?"). Nicht aufgeführt sind darin andere Tätigkeiten wie z. B. die Übernahme der Vorbereitung von Kindern auf die Erstkommunion durch Tischmütter, die Führung von katholischen Jugendgruppen und ähnliche Hilfsdienste, wie sie in österreichischen Pfarren verrichtet werden.

Die „Apostel" der Herz-Jesu-Familien und die Bundesländer-Regionalleiter üben ihre Funktion als Ehrenamt aus. Daher ist die Frage nach Motiven und Zielen eines solchen ehrenamtlichen Einsatzes von Interesse. Dabei stellt sich auch die Frage, ob und inwieweit die Ausübung von Ehrenämtern als Ausdruck einer auf dienende Funktionen beschränkten Rolle der Frau in der Kirche zu verstehen ist bzw. von den weiblichen „Aposteln" selbst als Zurücksetzung und Subordination empfunden wird.

Ursula Nothelle-Wildfeuer zitiert vier verschiedene Typen von ehrenamtlich engagierten Frauen, nämlich Ehrenamtlichkeit als

- Dienst und Pflichterfüllung,
- Mittel zur Förderung des eigenen Karriereverlaufs,

- Suche nach biographischer Sinnorientierung, und
- Selbstentfaltung und -verwirklichung[199]

In einer anderen Gliederung unterscheiden Rauschenbach/Müller/ Otto sechs Typen ehrenamtlich tätiger Personen, wobei für die Tätigkeit als „Apostel" der dritte Typus charakteristisch ist: „Männer und Frauen nach der Phase der Erwerbstätigkeit, die finanziell abgesichert sind und eine sinnvolle anerkannte und befriedigende Beschäftigung suchen."[200] .

In diesem Zusammenhang ist auch an Pierre Bourdieu und seinen Begriff des „Sozialkapitals" zu erinnern:

> Das Sozialkapital ist die Gesamtheit der aktuellen und potentiellen Ressourcen, die mit dem Besitz eines dauerhaften Netzes von mehr oder weniger institutionalisierten Beziehungen gegenseitigen Kennens oder Anerkennens verbunden sind; oder, anders ausgedrückt, es handelt sich dabei um Ressourcen, die auf der Zugehörigkeit zu einer Gruppe beruhen.[201]
>
> Sichtbar werden ökonomisches, kulturelles und soziales Kapital im sog. symbolischen Kapital (z. B. durch Ehre, Prestige, Auszeichnungen etc.). Es zeigt sich sozusagen als „Kredit", durch den bestimmte Fähigkeiten oder Eigenschaften unterstellt werden. Durch diesen Kredit (einlösbar durch z. B. Aufmerksamkeit anderer) wird wiederum ein späterer Vorteil erhofft.[202]

Im Bereich meiner Feldforschung zeigte sich als auslösendes Motiv für die Übernahme eines Ehrenamtes als „Apostel" vor allem die Dienst- und Pflichterfüllung sowie die Bewältigung eigener Krisen, wobei „die Zugehörigkeit zur jeweiligen Gemeinschaft im Vordergrund" stand[203]. Diese Bereitschaft wird beispielsweise von einem neu gewonnenen Mitglied eines Pfarrgemeinderates gut formuliert:

---

199 Nothelle-Wildfeuer, Ursula: „Damit es besser läuft in der Welt..." Frauen in Gesellschaft und Kirche - Das soziale Ehrenamt im Wandel. In: Fuhrmann, Siri u. a. (Hg.): Soziale Rollen von Frauen in Religionsgemeinschaften. Ein Forschungsbericht. Münster 2003, S. 181-208, hier S. 195f.

200 Vgl. Müller, S./Rauschenbach, Th./Otto, U. zitiert nach Northelle-Wildfeuer (wie Anmerkung 199), S. 197.

201 Bourdieu zitiert nach Steuer, Ingo: Frauen im sozialen Ehrenamt. In: Fuhrmann, Siri u. a. (Hg.): Soziale Rollen von Frauen in Religionsgemeinschaften. Ein Forschungsbericht. Münster 2003, S. 155-180, hier S. 158f.

202 Ebd. S. 159.

203 Nothelle-Wildfeuer (wie Anmerkung 199), S. 195.

> Wenn ich mit meiner Familie und meinem Job so viel Glück habe, kann ich doch etwas für die Gemeinschaft tun.[204]

Die von mir befragten Mitglieder der Herz-Jesu-Familien wiesen durchwegs eine biographisch aus dem Elternhaus begründete Beziehung und Bindung zur katholischen Kirche auf. Auch in einer Studie über das ehrenamtliche Engagement evangelischer Frauen wird festgestellt:

> Bei sämtlichen Frauen ist eine starke kirchliche Bindung fest zu stellen. Dies zeigt sich nach außen durch regelmäßigen Kirchgang oder auch durch die zusätzliche Teilnahme an von der Kirche angebotenen Kreisen.[205].

Es ist daher nahe liegend, dass diese Grundeinstellung zu einer erhöhten Bereitschaft führt, kirchliche ehrenamtliche Tätigkeiten als Dienst und Pflichterfüllung zu betrachten und zu übernehmen.

Das ehrenamtliche Engagement kann aber auch

> für die Bearbeitung von Leidenserfahrungen herangezogen werden und so eine Rolle in der Wiedererlangung von Handlungsorientierung erfahren. Vorgänge der biographischen Wandlungsprozesse und Identitätsveränderungen sind in das ehrenamtliche Engagement involviert. Das ehrenamtliche Engagement wird häufig als Sinnorientierung nach einer Veränderung benutzt. Ausgangspunkt des Engagements sind somit in der Biographie verhaftete Probleme und Konflikte, die durch das Engagement bearbeitet werden sollen.[206]

Die durch das 2. Vatikanische Konzil eingeführten Pfarrgemeinderatswahlen belegen im Jahre 2007 in Österreich einen Aufwärtstrend in der ehrenamtlichen Mitgestaltung des Pfarrlebens durch Frauen. War bei den österreichischen Pfarrgemeinderatswahlen 1992 der Frauenanteil „von rd. 42 Prozent auf rd. 48 Prozent"[207] gestiegen, so lag das Ergebnis 2007 bereits bei 54 Prozent.[208] Alarmierend ist freilich, dass die Wahlbeteiligung nur mehr 20,1 Prozent betrug, während sie noch

---

204 Meinhart, Edith: Gottes Bodenpersonal. Kirche. Fast 40.000 Menschen kandidierten für den Pfarrgemeinderat. Sie sind unerlässlich für das reibungslose Funktionieren des katholischen Alltags. Was ist so attraktiv an diesem Ehrenamt? In: Profil Nr. 15, 38 Jg., 6. April 2007, S. 39.

205 Steuer (wie Anmerkung 201), S. 163.

206 Nothelle-Wildfeuer (wie Anmerkung 199), S. 196.

207 Rossmann (wie Anmerkung 182), S. 19.

208 URL: http://stephanscom.at/news/0/articles/2007/03/18/a12540/print (20.03.2007)

20 Jahre davor bei 30 Prozent lag, und Männer besonders schwer für ein Ehrenamt zu gewinnen sind.[209]

6.5 Zur Position der Frau in der kirchlichen Hierarchie

Während die Frage der „dienenden" Stellung der Frau in der katholischen Kirche durchaus umstritten ist, fällt auf, dass meine Gesprächspartnerinnen keine führende Funktion in der Kirche anstreben. Vielmehr entspricht eine eher dienende, demütige und in sich selbst versunkene Herz-Jesu-Verehrung besser der Persönlichkeit und der Gefühlslage der interviewten Familienmitglieder. Auf die Frage etwa, ob die Gesprächspartnerinnen in die Themenwahl für die periodischen Rundbriefe an die Mitglieder der Herz-Jesu-Familie einbezogen werden möchten, antwortete IW

> Nein, nein das lasse ich dem Pater L. über, es ist mir lieber der macht das, denn ich bin ja erstens im Moment mit der Pflege meiner Mutter sehr eingeschränkt, er kommt mich zwar öfter besuchen, aber das ist auch seine Sache.
>
> Die erwischen die Themen auch bei den Einkehrtagen sehr gut. Ich könnte das nicht - das will ich auch gar nicht, ich mische mich gar nicht ein.[210]

Zur Frage des dienenden Status der Frau in der Kirche meint zum Beispiel eine Pressesprecherin von Erzbischof Christoph Schönborn:

> Ich bin eine große Freundin der Muttergottes [...] ich glaube, dass Maria mit Sicherheit der Inbegriff einer demütigen Frau gewesen ist. Demut ist in unserer Sprache oft sehr negativ besetzt. Wenn man davon ausgeht, dass es eine Demut des Menschen gegenüber dem Schöpfer ist, ist das eine sehr wichtige Sache.[211]

„Dienen" wird also, wie diese Interviews zeigen, keineswegs allgemein als negativ besetzt empfunden: „Für mich heißt Dienst, dass ich etwas übernehme und abnehme [...] jeder leistet am anderen einen Dienst."[212] Und: „Viele Frauen haben mir erzählt, dass sie in ihrem eigenen Bereich in der Kirche sehr zufrieden sind. Viele haben Nischen gesucht und gefunden."[213]

---

209 Vgl. Meinhart (wie Anmerkung 204), S. 36.

210 Interview (wie Anmerkung 166)

211 Rossmann (wie Anmerkung 182), S. 123.

212 Ebd. S. 39.

213 Ebd. S. 15.

Andere Frauen lehnen dagegen das Element des reinen Dienens in der Kirche ab:

> Eine frömmelnde, liebliche, jungfräuliche Frau [...] das reduziert die Frau wieder auf das Mutterbild [...] es zementiert ein reaktionäres Frauenbild: Heimchen am Herd, das schön brav dem Mann und der Kirche dient.[214]

Oder:

> Frauen dürfen Kuchen backen, dürfen bei der Erstkommunion Tischmütter sein, manchmal Fürbitten lesen, aber Frauen stehen nicht im Zentrum des Diskurses.[215]

Diese Äußerungen belegen, dass die Frage, ob und inwieweit Frauen ihre Rolle in Kirche und Gesellschaft als subordiniert erfahren, heute Gegenstand einer unter anthropologischen und feministischen Gesichtspunkten breit, intensiv und strittig geführten Debatte ist.

Im Westen haben Soziologen und Kulturwissenschaftler „von Durckheim bis Parsons erklärt, dass Frauen ‚gefühlsbetonter' oder ‚ausdrucksstärker', ‚weniger intellektuell' oder ‚instrumentaler' als Männer sind", und diese Unterschiede eine funktionale Notwendigkeit der Familie als soziale Gruppe darstellen.[216] Dabei wird stets auf die biologischen Unterschiede zwischen Mann und Frau verwiesen. Zunehmend werden aber auch andere, gesellschaftlich bedingte Faktoren hervorgehoben.

Die gender-Forscherin M. Z. Rosaldo beispielsweise führt die untergeordnete Stellung der Frau auf einen „universellen, strukturellen Gegensatz zwischen häuslichen und öffentlichen Sphären" zurück, wodurch Frauen in ihrer Beschränkung auf häusliche Tätigkeiten von anderen Frauen und der sozialen Welt der Männer abgeschnitten sind.[217]

Sherry B. Ortner sieht zwar ebenfalls den zweitrangigen gesellschaftlichen Status der Frauen als eine universelle, pan-kulturelle Tatsache, führt aber als wesentlichen Grund dafür die These an, dass Frauen im Spannungsfeld zwischen „Natur" und „Kultur" als näher bei der (niedriger bewerteten) Natur gesehen werden als Männer. Der weibli-

---

214 Ebd. S. 124.

215 Ebd. S. 42.

216 Rosaldo, Michelle Zimbalist: A Theoretical Overview. In: Rosaldo Michelle Zimbalist u. Louise Lamphere (Hg.): Women. Culture, and Society. Stanford 1974, S. 17-42, hier S. 30.

217 Ebd. S. 41.

che Körper und seine mit der Fortpflanzung verbundenen Funktionen würden der Anthropologin zufolge der Frau eine auf die Familie konzentrierte soziale Rolle zuweisen: „Der Platz der Frau ist daheim." Das wiederum prägt eine - ebenfalls näher an der Natur liegende - andere „psychische Struktur".[218]

Ingeborg Weber-Kellermann findet hier noch die Spuren des 19. Jahrhunderts, als „die Frau ihre individuellen Fähigkeiten und Talente nicht frei entfalten, sondern nur im Dienst männlich-gesellschaftlicher Interessen zur Geltung bringen" konnte und sich den Karrierewünschen ihres Mannes unterzuordnen hatte.

Die vorgeblich „natürliche" Unterordnung der Frau im christlichen Weltbild, ihre Abhängigkeit und Unselbständigkeit wurden zum Kriterium des weiblichen Habitus. Seither hat sich aber ein moderner Individualisierungsprozess entfaltet, in dessen Verlauf sich auch die Stellung der Frau erheblich verändert hat - womit aber auch ein Verkümmern der mit der autoritär-patriarchalischen Familie zusammenhängenden kulturellen Formen einhergegangen ist. [219]

Dass diese Entwicklungstendenz der kulturellen Formen möglicherweise nicht ganz so eindeutig interpretierbar ist, legt freilich die Beobachtung etwa des starken Publikums-Interesses an Küche und Kulinarischem, also durchaus familiären Tätigkeiten, nahe, wie es sich in zahlreichen populären TV-Sendungen zeigt; eine wissenschaftliche Interpretation bedürfte hier freilich eingehenderer Überlegungen und Nachforschungen.

Die österreichische Publizistin Eva Rossmann glaubt aber dennoch:

> Noch immer wirkt in der Gesellschaft das Frauenbild, das die Kirche hauptsächlich vermittelt, fort. Und die Berufung gewisser Kirchenkreise und Politiker auf die berühmten drei „K" - Kinder, Küche, Kirche - feierte in den letzten Jahren wieder fröhliche Urstände.[220]

Rossmann übersieht dabei freilich, dass es auch die divergierenden Stimmen anderer Frauen gibt, und sie geht zudem von der unbelegten Annahme aus, dass die Kirche das Frauenbild in der Gesellschaft prägt. Sie übergeht dabei die grundsätzliche Fragestellung, ob die Kir-

---

218 Vgl. Ortner, Sherry B.: (wie Anmerkung 187), S. 73f, 77, 81.

219 Vgl. Weber-Kellermann, Ingeborg: Das Männliche und das Weibliche. Zur Sozialgeschichte der Geschlechterrollen im 19. und 20. Jahrhundert. In: Moltmann-Wendel, Elisabeth (Hg.): Frau und Mann. Alte Rollen - Neue Werte. Düsseldorf 1999, S. 15-46.

220 Rossmann (wie Anmerkung 182), S. 244.

che nicht lediglich gesellschaftlich schon vorhandene und tradierte Zustände in ihrem eigenen Bereich anwendet bzw. ob möglicher Weise ein wechselseitiges Interaktionsverhältnis besteht, das nicht von der Kirche alleine determiniert ist.

7 Die Herz-Jesu-Familien - zur soziologischen Herkunft und dem gesellschaftlichen Umfeld ihrer Mitglieder

Die Mitglieder der von mir begleiteten Familien waren durchwegs Frauen mittleren und höheren Alters; Jugendliche sind auch in den am ersten Freitag jeden Monats stattfindenden Herz-Jesu-Messen oder gar beim Rosenkranz-Gebet praktisch nicht anzutreffen. Ein „Apostel" meinte deshalb: „Junge Menschen sollten wir halt mehr dazu bringen."[221]

Auch RK beklagt:

> Die Gruppen sind total veraltet, wir sollten junge Leute dazu kriegen, aber die jungen Leute, die religiös sind, dann wenden sie sich Medjugorje, Schio oder Fatima zu oder sie sind bei den charismatischen Bewegungen mit viel Gesang und Bewegung.[222]

Die Überalterung ist aber nur einer der Gründe, weshalb die Bewegung stagniert. Auf die Frage, ob mit den derzeit existierenden 1269 Familien das Potential der Bewegung ausgeschöpft sei, antwortete RK:

> Wissen Sie, es ist so - es stagniert. Ich habe 14 Herz-Jesu-Familien und die betreue ich auch. Denn der Apostel, der sie wirbt, hat auch die Aufgabe, die Leute daran zu erinnern, dass ihre Gebetszeit anfängt. Also ich rufe jeden an und erinnere ihn, aber einige haben kein Telefon, dann schreibe ich ihnen eine Karte, und es stagniert auch deshalb, weil sich die Apostel nicht bereit erklären Familien zu gründen, weil diese Verpflichtung manchen zu viel ist oder ihnen auch zu teuer ist - ich bin dabei zwar nicht ärmer geworden, aber es ist eben so. Ich bedaure das, weil sich immer weniger bereit erklären das zu tun.[223]

Die Stagnation mag auch damit zusammen hängen, dass das nach außen nicht erkennbare, nur auf eine 3 x jährlich vorgeschriebene Novene beschränkte besondere religiöse Engagement dennoch im gesellschaftlichen Bereich nicht von allen gleich gerne gesehen und geschätzt wird. Zwar ist in dem Dorf, wo ich die Herz-Jesu-Familien untersuchte, der zahlenmäßig ohnehin unerheblichen Bewegung gegenüber keinerlei Feindseligkeit oder Ausgrenzung zu verspüren - aber gewiss

---

221 Interview (wie Anmerkung 171)

222 Ebd.

223 Ebd.

auch kein sozialer Druck zum Dabeisein, wie das etwa bei der freiwilligen Feuerwehr, der Trachtenkapelle oder der Dorf-Verschönerungsgemeinschaft der Fall sein mag.

Dennoch kommt bisweilen ein gewisses Unbehagen über das religiöse Engagement durch Übernahme eines Ehrenamtes als „Apostel" in einer Herz-Jesu-Familie zutage, wie etwa JW im Zusammenhang mit der Leitung der Herz-Jesu-Familien erzählt:

> Ja die Frau Z. hat angefangen, die Frau PG hat aufgehört, die hat gesagt ihrem Mann ist das auch nicht recht und so, sie macht schon mit, aber keine Ausfahrten mehr und die hat mich angeredet, dass ich das machen soll [...] Und so habe ich gesagt für mich ist das zuviel, weil ich ja doch 5-7 Mal im Jahr nach Medjugorje fahre, 3 Gebetskreise habe ich in der Woche und dann auswärts auch noch einige, da habe ich gesagt nein, ich will mich nicht so einspannen und so habe ich die IW vorgeschlagen. Die hat zugestimmt [...].[224]

Ein weiterer Grund mag in der nur halbherzigen Unterstützung durch die kirchliche Hierarchie liegen; Pfarrer KH meint dazu:

> Herz-Jesu-Feiern gibt es auch im Burgenland nur vereinzelt, aber es wird nicht von der Hierarchie, also von den Bischöfen oder von den Bischöfen Österreichs, wird das nicht so aufgegriffen [...] also spätestens nach dem 2. Weltkrieg ist es mit der Herz-Jesu-Verehrung bergab gegangen, und ich würde sagen, in den 1980er Jahren habe ich vereinzelt wieder solche Anstrengungen gesehen. Also auch vom Vorgänger des Erzbischofs in Wien, der hat das stark wieder hervorgestrichen im Stephansdom. Der Kardinal Groer. Der hat immer Monat für Monat gepredigt und versucht, die Menschen wieder auf diese Herz-Jesu-Frömmigkeit hinzuweisen. [...] Da hat er dreitägig, also jeden Abend Predigten gehalten, das weiß ich, damals war ich noch Seminarist, und dann hat er Monat für Monat am Herz-Jesu-Freitag, hinten am Herz-Jesu-Altar und dann ist er auf die Kanzel hinauf und hat gepredigt. Da kamen auch viele Leute, aber das war halt ein Neuanfang, oder dann eben diese Vereinigung Unio Cor Jesu und dann auch in Verbindung mit manchen Orden, die halt speziell auf das Herz Jesu ausgerichtet sind, ist dann über den Verein Unio Cor Jesu versucht worden das zu puschen.[225]

---

224 Interview mit JW vom 5.5.2006

225 Interview mit Pfarrer KH vom 5.5.2006

Betrachtet man die gesellschaftliche Zusammensetzung der Herz-Jesu-Familien, so ergibt sich bei den von mir befragten Mitgliedern, dass es sich ganz überwiegend um Frauen handelt, die sich schon gegen Ende ihres aktiven Berufslebens oder bereits in Pension befinden. Ihnen allen gemeinsam ist ein, wenngleich nicht immer besonders ausgeprägter, religiöser Hintergrund aus Schule und Elternhaus.

Alle meine Gesprächspartnerinnen verfügten über eine gesicherte Existenzgrundlage und können deshalb nicht zur Schicht möglicher wirtschaftlicher Modernisierungsverlierer gezählt werden. Es handelte sich durchwegs um selbstbewusst auftretende Frauen, die in ihrem gesellschaftlichen Umfeld „ihre Frau" stellten und in diesem Bewusstsein deutliche, wenngleich nicht übertrieben zur Schau gestellte Selbstsicherheit zeigten.

Auch wenn, wie Zeugnisse von Universitätsprofessorinnen und akademisch gebildeten Frauen belegen[226], eine höhere Bildung nicht tiefe - auch rituelle - Frömmigkeit ausschließt, erwies sich in dem von mir untersuchten Segment doch, dass die ländliche, mehr mit der Tradition verbundene Umgebung und eine mittlere Bildung einen besonderen und günstigeren Nährboden für die Herz-Jesu-Verehrung, diese rituelle Sonderform der Volksfrömmigkeit, bietet als ein industrielles oder intellektuell-großstädtisches Milieu. Insofern erscheint es symptomatisch, dass bisher für die Hauptstadt Wien noch kein geeigneter Regionalleiter der Herz-Jesu-Familien gefunden wurde. In Abschnitt 6.1 habe ich auf die Bedeutung dieser Faktoren - Geschlecht, Wohnort, Alter, Gefühl - für unterschiedliche Formen von Glaubensleben und Religiosität bei Frauen hingewiesen.

IW bringt einen Aspekt dieser verschiedenen Faktoren auf den Punkt, wenn sie von der Herz-Jesu-Messe in N. sagt:

> Ja die machen das dort sehr schön, das kommt natürlich auch auf den Priester an, aber N. ist ein Bauern-, ein Weindorf, die sind das gewöhnt auch durch die Prozessionen durch die Felder, die Marterlbegehungen usw. Das dürfte man gar nicht sagen, aber N. ist politisch „schwarz" und R. ist „rot", da ist sicher vieles anders. Bei uns sind nicht viele Bauern.[227]

Dieser Hinweis auf die unterschiedliche gesellschaftliche Zusammensetzung der beiden Nachbardörfer lässt aufhorchen. Denn in dieser persönlichen Meinung findet sich auch die in der volkskundlichen

---

226 Vgl. Dirks, Marianne: Glauben Frauen anders? Erfahrungen und Anstöße. Freiburg 1987.

227 Interview (wie Anmerkung 166)

Literatur immer wieder vorzufindende Beobachtung bestätigt, dass die konservative, stärker traditionsverbundene ländliche Bevölkerung für überkommene Formen des Brauchtums auch in der Kirche stärker empfänglich ist als die städtische Bevölkerung.

Das bestätigt auch KH, der Ortspfarrer von N.:

> Ja, es ist hier alles noch da von Flurprozessionen, Marterlbegehungen, Umgängen usw. das wird gepflegt und ich mein' sie sind empfänglich auch für das Religiöse und man muss auch sagen, dass die Priester, die hier gewirkt haben in dieser Weise auch sehr bemüht waren, dass all diese Dinge, die vorhanden sind, dass sie geschaut haben, dass das bleibt, gefördert oder vertieft wird, also auch die Flurprozessionen usw. Also im Jahr gibt es 9 Prozessionen, die erste war am 25. April, die Markus-Prozession, das war die Felderprozession. Dann gibt es die Bitttage, 3 Bitttage, zu Christi Himmelfahrt gibt es eine Prozession, die ist sehr lange, da geht man sehr schnell eine dreiviertel Stunde, dann gibt es im August noch die Oswald-Prozession, dann mit der Feuerwehr zu einer Kapelle und dann am Ende des Jahres zu Allerheiligen die Friedhofsprozession. Alles zusammen sind es 8 oder 9 Prozessionen. [...]
>
> Die Bitttage gehen von der Kirche aus zu einem bestimmten Punkt, also zu einem Marterl, zu einem Bildstock oder zu einer Kapelle und dann wird für die besonderen Anliegen, die die Menschen am Herzen haben, gebetet und gesungen. Das hat einen gewissen Rahmen und Rhythmus, also einen Aufbau, und nach dem wird das immer gehalten. [...] Wenn dann jetzt der nächste Priester kommt und sagt „ich mache das nicht mehr", also da würden sie Sturm laufen.[228]

Als Gründe für die ganz andere Situation im Nachbardorf R. nennt KH

> ... sicherlich geschichtliche Gründe, vielleicht von der Mentalität her und dann auch, wenn der Priester das nicht gefördert hat. Die Landwirtschaft wurde in R. zum Großteil abgegeben, viele Felder in R. sind von Bauern in N. gepachtet und bewirtschaftet. [229]

IW's subjektiver Eindruck eines Zusammenhanges zwischen der politischen Einstellung in den zwei Nachbargemeinden und einem der Herz Jesu- und Volksfrömmigkeit unterschiedlich förderlichen Umfeld bestätigt sich in einigen statistischen Daten. Sie unterstreichen die Korre-

---

228 Interview (wie Anmerkung 225)

229 Ebd.

lation zwischen Beruf, Geschlecht und Bildung einerseits und Verbundenheit mit Brauchtum und Ritualen andererseits, wie sie etwa Korff in „Heiligenverehrung in der Gegenwart" nachgewiesen hat und deshalb hier keiner näheren Begründung bedarf.

R. (894 Einwohner) weist gegenüber dem doppelt so großen Nachbarort N. (1720 Einwohner) laut Volkszählung 2001 eine geringere landwirtschaftliche Aktivität auf: R. hatte 1999 nur 30 landwirtschaftliche Betriebe, die 44 Prozent der Gemeindefläche nutzten; in N. gab es zum selben Zeitpunkt 256 landwirtschaftliche Betriebe auf 52 Prozent der Fläche - ein für das Burgenland (42 Prozent) überdurchschnittlicher Wert; N. ist eine überwiegend vom Weinbau lebende Gemeinde.

In beiden Gemeinden haben nur 10,4 bzw. 11,5 Prozent der Ortsansässigen einen über die Pflichtschule oder Lehrlingsausbildung hinausgehenden Bildungsgrad. Gemessen an der jeweiligen Bevölkerungszahl haben aber Frauen in N. in weitaus höherem Maße als in R. lediglich das Niveau der allgemein bildenden Pflichtschulbildung und in signifikant geringerer Zahl als in R. eine berufliche Lehrlingsausbildung erfahren.[230]

Dementsprechend ergab das Wählerverhalten bei den letzten Gemeinderatswahlen 2002 in R. eine Stimmenverteilung von SPÖ 71,38 Prozent, ÖVP 23,37 und FPÖ 5,25 Prozent, was auf einen entsprechenden Anteil von industriell unselbständig beschäftigten Arbeitern schließen lässt. In N. hingegen zeigt sich eine deutlich konservativere Haltung der mehrheitlich bäuerlichen Klientel mit SPÖ 24,14, ÖVP 62,5 und FPÖ 3,34 Prozent.[231]

Es erstaunt daher auch nicht, dass N. im Internet-Auftritt besonders auf seine örtlichen Traditionen und Brauchtumspflege wie Fahnenschwingen, Kipferlauswerfen, Brucktanzen usw. verweist. Dabei wird die Bedeutung des gemeinsamen Handelns im Brauchtum als menschliches Grundbedürfnis nach Miteinander unterstrichen - und nichts anderes sagen alle Ritualtheorien! Diese Traditionsverbundenheit bietet besonders günstige Voraussetzungen für Heiligenverehrung und Volksfrömmigkeit.

230 URL: http://www.statistik.at/gz/einwohner1.shtml [4.5.2007]

231 URL: http://www.wahlen.bgld.gv.at/intro.htm [4.5.2007]

8 Interviews

8.1 Einleitung

In allen meinen Interviews wurde ich von den befragten Personen herzlich und offen aufgenommen. Stets wurden Kaffee und selbstgebackener Kuchen angeboten, und in dieser gastfreundlichen Atmosphäre kam immer ein vertrauliches, nie kürzer als mindestens zwei Stunden währendes Gespräch zustande. Frau RK ließ es sich sogar nicht nehmen, mich zum Mittagessen einzuladen, danach noch persönlich zur Bahn zu begleiten und mich für die Heimfahrt mit Getränken zu versorgen. Trotz des Themas, das in sehr persönliche Bereiche des Privatlebens und der Glaubensüberzeugung hineinreicht, begegnete ich keinem Misstrauen oder einer Scheu, über die eigenen Erfahrungen und Überzeugungen zu sprechen.

Die Einrichtung der stets sehr sauberen und gepflegten Wohnungen, in denen ich empfangen wurde, wiesen eine traditionelle, gediegene Einrichtung auf; futuristisch-moderne Möbelstücke fehlten; die Möbel waren aus Holz und belegten damit indirekt eine traditionelle, ländliche und mit der Natur verbundene, technikferne Lebensweise. In vielen Zimmern fand sich über der Tür ein Kruzifix, in manchen Häusern auch ein kleines Weihwasserbecken nahe dem Herrgottswinkel. „Die Bekreuzigung mit Weihwasser ist ein Ritual, das beim Betreten der Kirche das Gebaren ändert“[232] – was gewiss auch für die rituelle Benetzung und Bezeichnung mit dem Kreuz daheim zutrifft. In fast allen Wohnräumen waren Herz-Jesu-Bilder an prominenter Stelle platziert.

Bei zahlreichen Interviews erhielt ich Andenken zum Mitnehmen – viele Herz-Jesu-Bilder, Herz-Marien-Bilder, geweihte Rosenkränze und umfangreiche Erbauungsliteratur. Selbst der Barmherzige Rosenkranz, der mir von meinen Interview-Partnerinnen besonders ans Herz gelegt wurde, den ich aber nur über ein Geschäft bestellen und beziehen konnte, wurde mir dort mit den Worten überlassen: „Die Dame, die ihn anfertigte, schenkt ihn Ihnen. Schließen Sie sie in ihre Gebete ein, denn sie ist sehr krank.“

Die Bereitschaft zum Gebet für andere, für ihr körperliches und ihr Seelenheil im Dies- oder im Jenseits, ist eine charakteristische Frömmigkeitsform in einer von Ritualen geprägten und zusammengebundenen Gemeinschaft oder Gesellschaft.

[232] Scharfe (wie Anmerkung 82), S. 135.

In der Folge soll versucht werden, Motivation und Einstellung von Mitgliedern der Herz-Jesu-Familien und die von ihnen geübten Rituale an Hand meiner Interviews strukturiert darzustellen, wobei eingedenk des deutlichen Übergewichts weiblicher Mitglieder in diesen Familien an die oben dargestellten gender-spezifischen Aspekte im religiösen Bereich zu erinnern ist.

8.2 Die Motivation zur Herz-Jesu-Verehrung

> Charakteristisch für die Volksfrömmigkeit ist die große Mannigfaltigkeit und der Reichtum an körperlichen und symbolischen Ausdrucksweisen, Gesten und Gebärden. [...] Bilder, Orte, Reliquien und religiöse Gegenstände zu küssen oder sie mit der Hand zu berühren, Straßenzüge und ‚spezielle' Gänge barfuß oder auf Knien zu begehen, Opfergaben, Kerzen und Votivgaben darzubringen, besondere Kleidungsstücke zu tragen, sich niederzuknien und sich auf den Boden hinzustrecken, Medaillen und Abzeichen zu tragen [...] Ohne [...] innere Seite läuft man jedoch Gefahr, dass symbolische Gesten in leere Gewohnheiten abgleiten oder, was noch schlimmer wäre, zu abergläubischen Praktiken verkommen.[233]

Deshalb beklagen Kritiker der katholischen Liturgiereform, dass sie den glaubenden Menschen nicht in seinem ganzen Sein als Leib und Geist erreicht, wogegen „die Volksfrömmigkeit, die sich unmittelbar an den Menschen richtet, Leib, Herz und Geist gleichermaßen" anspreche.[234] Ausdrücklich empfiehlt der Vatikan deshalb „[...] die Herz-Jesu-Verehrung mit der entsprechenden Weihe, die verschiedenen Formen der Muttergottesverehrung, [...] die Pflege des religiösen Brauchtums."[235]

Denn „zweifellos war und ist die Verehrung des Herzens des Erlösers eine der am meisten verbreiteten und beliebten Ausdrucksformen der kirchlichen Frömmigkeit", heißt es im Direktorium Punkt 166, wobei der Ausdruck "Herz Jesu" die „Gesamtheit seines Wesens, seine Person in ihrem tieferen und wesentlichen Kern: Sohn Gottes, ungeschaffene Weisheit, unendliche Liebe, Ursprung der Erlösung und Heiligung der ganzen Menschheit" bedeutet.[236]

---

233 Direktorium (wie Anmerkung 73), Nr. 15

234 Ebd. Nr. 53

235 Ebd. Nr. 68

236 Ebd. Nr. 166

Über ihren persönlichen Weg zur Herz-Jesu-Verehrung berichtet der „Apostel" IW u. a. (das Fehlen einer weiblichen Bezeichnung für „Apostel" geht zwar auf die Überlieferung zurück, dass Jesus nur männliche Jünger hatte, ist aber auch symptomatisch für die bis heute in der katholischen Amtskirche geltende männliche Führungsdominanz):

> Also im 92er Jahr ist mein Vater gestorben und da habe ich mich schon längst gefragt, ja irgendetwas muss es doch auf dieser Welt noch geben, nicht nur dieses Materielle, das muss ich ganz ehrlich sagen. Wir hatten damals ein Geschäft und haben sehr viel gearbeitet. Mein Vater war, das habe ich gar nicht gewusst, ein Muttergottes-Verehrer. Und dann habe ich, da ich einige Schulungen machen musste, mein Hirn trainiert und die Muttergottes-Gebete auswendig gelernt.
>
> Und 1995 haben wir hier im Ort noch ein Geschäft gekauft, viel Geld und alles in die Arbeit gesteckt. In die Kirche sind wir schon gegangen und zwar zu Weihnachten und zu Ostern. Da haben wir Buß-Gottesdienst gehabt und da ist die ganze Familie gegangen, aber vom Beichten und sonst was, das haben wir nicht getan, das haben wir nicht praktiziert. Aber ich habe mit meinen Kindern gebetet und das tun sie heute auch noch. Und ich habe auch am Abend wenigstens das „Vater unser" gesagt.
>
> Dann im 96er Jahr ruft mich eine Freundin an und sagt, sie fahren nach Schio. Das ist ein kleiner Ort in Italien und dort spricht die Muttergottes mit Renato Baron, in der Zwischenzeit ist er ja schon verstorben. Und ich habe zu meinem Sohn gesagt, der hat ja im Geschäft mitgearbeitet, wenn ein Platz noch frei ist für mich, dann fahre ich dort mit. Das war dann auch so und so bin ich dann nach Schio gefahren und in Schio kann man auch die Muttergottes riechen.
>
> Dort ist ein Geruch, von dem die Wissenschaft natürlich gar nicht weiß, wo er herkommt. Und im Autobus dorthin da haben alle gebetet und ich bin nur gesessen und habe mir gedacht, ich weiß nicht, aber ich muss weinen, so eine Stimmung hatte ich, da bei der Hinfahrt.
>
> Und dann gehen wir in Schio, wie soll ich sagen, in eine schöne Kapelle hinein und dort ist ein lebensechtes Kreuz, und ich gehe dort hinein und es war wie wenn das Kreuz auf mich zukommen würde - so war das. Ich bin nur dort gestanden - und nur Erstaunen - Jesus ist ja für mich gestorben. Und ich weiß nicht, was sich dort in Sekunden in meinem Kopf abgespielt hat. Und dann sind wir aus der Kapelle und wir haben diesen Duft gerochen, den Duft der Muttergottes.

> Und ich habe gesehen, wie alle die dort beichten gegangen sind, die haben alle so geweint wie sie rausgekommen sind, die waren alle so erlöst, ja.
>
> Und wie ich von Schio nach Hause gekommen bin, wollte ich so viel wie möglich über den Herrgott auch wissen. Ich habe mir die Bibel, den Katechismus u. a. gekauft und bin Gott sei Dank zu den charismatischen Monatsmessen geführt worden, wo mich ein Priester sehr gut betreut hat - dort bin ich hingekommen.[237]

Eine andere Gesprächspartnerin schilderte den Hergang ihrer Berufung wie folgt:

> Ich war in einer Herz-Jesu-Messe am Hafnerberg und dort hat mich eine Frau angesprochen auf dieses Thema, ob ich bei der Herz-Jesu-Vereinigung oder bei einer Herz-Jesu-Familie dabei bin. Das musste ich verneinen und sie hat mir dann so ein Formular zum Eintreten, also zum Annehmen einer Familie mitgegeben. Und dann weiß ich nicht mehr wie das war, habe ich ein zweites Formular von einer anderen Frau bekommen. Und dann habe ich mir das so überlegt und habe mir gedacht „meine Mutter, das war so eine Herz-Jesu-Verehrerin und ich kann das jetzt nicht ablehnen", weil ich mich verpflichtet gefühlt hab' meiner verstorbenen Mutter gegenüber und auch Gott. So ist das dann gelaufen.[238]

In einer weiteren Befragung hieß es:

> Die Mutter hat uns immer dazu angehalten und darauf geachtet, dass wir das tun, das Beten. Ja schon vorher durch eine Tante, die war ja aus Wien und zu Hause haben wir ein großes Herz-Jesu-Bild gehabt, es war immer eine Beziehung da. Und die Tante hat immer Kontakte zu Herz-Jesu-Kreisen gehabt.[239]

---

237 Interview (wie Anmerkung 166)

238 Interview vom 7.3.2006 mit Pfarrer KH und 9 Frauen, 5 davon tätig im Laienapostolat

239 Ebd.

Eine andere Gläubige meinte:

> Ich bin dazugekommen durch die Volksmission da in N. und durch den Pater L.[240]

GR erzählt:

> Da war halt Einkehrtag und da hat mich jemand eingeladen, ich bin irgendwie freudig hingefahren und ich war so beeindruckt, was dieser Priester gebracht hat, dass ich nachher zu ihm hingegangen bin und gesagt hab' „Ich will mich nur bedanken, was Sie gesagt haben, hat mich sehr berührt"; „Na ja bitte, bitte und so" und plötzlich sage ich zu ihm „Sie, ich würde einmal sehr gerne mit Ihnen reden" und das ist mir so gekommen, ohne dass ich es wollte - und dann habe ich gedacht „was tu ich eigentlich dort, was soll ich mit ihm reden" - und wollte das Ganze schon fallen lassen, aber dann bin ich doch einmal hingefahren, habe mir vorher etwas ausgemacht und ich sitze dort, plaudere ein bisschen mit ihm, dann war er schon ungeduldig, denn er hatte seinen Schreibtisch voll mit Sachen, die er erledigen wollte (lacht) und auf einmal sagt er: „Wissen Sie, wissen Sie, es ist nämlich so, wir suchen jemand für Niederösterreich". Ich habe mir gedacht: „Niemals!" Und dann sagt er „Ja, und ich habe gewusst, wie Sie mich angesprochen haben in der Kirche - Sie sind die Frau, die Niederösterreich für die Betreuung der Herz-Jesu-Familien übernehmen wird."
>
> Und ich hab' gesagt „Sie, Pater ich kenn' mich gut, das ist, ich bin ungeeignet für so etwas."
>
> „Nein, das können Sie, das können Sie usw." und ich dachte „Hat der einen Vogel" oder so ähnlich und habe dann gesagt: „Wirklich, ich kenne mich gut, bitte sind Sie nicht bös, aber das ist nichts für mich." „Na ja, wenn Sie meinen" hat er nur gesagt. Und so bin ich dann wieder weg. Ich hab nicht, oh doch das habe ich schon gewusst wie er heißt, aber er hat nicht gewusst wie ich heiß' und wo ich wohne.
>
> Dann mit der Zeit habe ich immer gedacht „Mein Gott, ich brauche den Brief ja nicht zu schreiben, sondern nur kopieren, ich krieg' die Adressen von jemandem und pick' halt eine Briefmarke darauf, das werde ich doch zusammenbringen."[241]

---

240 Ebd.

241 Interview (wie Anmerkung 169)

Typisch ist auch die Schilderung von IW:

> U. a. war dann, ja dass mein Mann, ja binnen kurzer Zeit, sterbenskrank wurde.
>
> Mein Mann wollte dann jeden Tag die Kommunion und er hat sich eigentlich in die Hände der Muttergottes und des Herz Jesu begeben. Wir haben Hausmessen gehabt und er war gut vorbereitet und ist mit einer Größe zum Sterben gegangen, das kann ich Ihnen gar nicht sagen.
>
> Und zum damaligen Zeitpunkt habe ich mich schon damit beschäftigt, das Geschäft aufzugeben und zu verkaufen. Denn u. a. sagt die Muttergottes: „Bis zur Lebensmitte schaff' Dir materielle Güter, nach der Lebensmitte schaff' Dir himmlische Güter".
>
> Und mich hat die Sterbensphase von meinem Mann so beeindruckt und ich habe gesehen, wie der Herrgott und die Muttergottes wirkt in meiner eigenen Familie, dass ich mir gedacht habe „Nein, ich will nicht mehr im Geschäft stehen, denn ich werde von dem Geschäft nicht mehr raus kommen". Am Anfang habe ich mir gedacht: „Wer bin ich - Geschäftsfrau - alles gehört mir, na ich bin ja wer, und dann wer bin ich denn wirklich, was nützt mir das alles, wenn ich mit dem Herrgott nicht gehen kann - und ich komme von da nicht raus".
>
> Kurz nach dem Tode meines Mannes habe ich alles verkauft und war entschlossen: Ich will mit dem Herrgott leben.
>
> Und im Herbst 1999 war eine Mission vom Pater L. (Herz-Jesu-Kongregation).
>
> So bin ich zur Herz-Jesu-Familie gekommen."[242]

Tisa von der Schulenburg, Ordensfrau bei den Ursulinnen in Westfalen, berichtet:

> Ich war verzweifelt, ich sah keinen Ausweg […] dass mein Wille so durchkreuzt wurde, bewirkte einen völligen Zusammenbruch. Nun, wusste ich, gab es für mich nur noch Gott. Nun fand ich zum Gebet […] so kam es zur Wende, zur eigentlichen „Umkehr".[243]

Sehr deutlich ist all diesen Äußerungen zu entnehmen, dass bei den interviewten Personen eine grundsätzliche innere Glaubensdisposition

242 Interview (wie Anmerkung 166)

243 Schulenburg von der, Tisa: Mir ist das Leben neu geschenkt worden. In: Dirks, Marianne (Hg.): Glauben Frauen anders? Erfahrungen und Anstöße. Freiburg u. a. 1987, S. 45-53, hier S. 51.

vorhanden war, die sich aus ihrer persönlichen, meist durch das Elternhaus geprägten Biographie ergibt.

Klar erkennbar ist aber auch, dass zu dieser Grundlage nicht selten ein äußeres, oft erschütterndes Erlebnis hinzutritt, das in einem Prozess der Sinnsuche und momentanen Verlorenheit einen Orientierungspunkt und festen Halt sucht, den diese Personen im Glauben - und zwar in einer sehr individuellen, personalisierten Form einer direkten Beziehung zum Herz Jesu - finden.

> Der Glaube alter Menschen erschien bisweilen kindlich. Aber er erwies sich in Lebenskrisen als tragefähig.[244]

8.3 Zwiesprache mit Gott als Ritual

Dieser direkte persönliche Bezug zum Göttlich-Numinosen wird vor allem durch das rituelle Gespräch mit dem Herzen Jesu in der gebetsmäßigen Versenkung geübt.

Diese Form der Zwiesprache findet sich besonders in der Herz-Jesu-Erbauungsliteratur, wie etwa „Botschaft der barmherzigen Liebe an die kleinen Seelen", und auch die Referentin für Frauenfragen und Kindererziehung an einer Volkshochschule, M. Dennenmoser in „Aspekte des Frauseins", wählt diese Form des Dialogs mit Gott, um ihre Ansichten zur Stellung der Frau in der Kirche darzulegen. Dieser vertrauensvolle Umgang ist z. B. für IW selbstverständlich, die auch schon vor ihrer Herz-Jesu-Berufung ihren Tagesablauf wenigstens mit dem „Vater unser" beschloss (s. S. 68):

> Und wenn ich aufstehe in der Früh, dann sage ich: „Muttergottes für Dich, mit Dir, in Dir, durch Dich möchte ich heute arbeiten". Ich habe das früher nicht verstanden, bei der Weihe, die wir gemacht haben, da heißt es, alle Gebete und alles was man hat, übergibt man der Muttergottes. Und ich habe mir gedacht, also komisch, wenn ich jetzt nicht entscheiden kann, für wen ich bete - aber heute bin ich so froh darüber. „Muttergottes, ich weiß ja nicht für wen ich aller beten soll, mach' Du das." Dann bin ich auch nicht mehr zu den Heiligen geführt worden, zum Hl. Joseph, Hl. Antonius oder die Kleine Theresa vom Kinde Jesus. Mit denen arbeite ich zwar noch, mit allen, aber vor allem mit meinem Schutzengel.
>
> Wenn ich jetzt anbeten geh', wie es in N. ist, dann ist es so, das ist unser Glaube, dann weiß ich, Jesus ist wirklich und wahrhaft

---

244 Wolf (wie Anmerkung 14), S. 83.

da. Der Schutzengel sieht Jesus wie er wirklich ist. Ich sehe ihn ja nur so. Wenn ich anbeten geh´ und ich bin allein dort, dann rede ich mit dem Herrgott so wie ich mit Ihnen rede. Das ist mir schon öfters passiert, denn dem Herrgott können Sie alles sagen.

Oder, wenn ich z. B. glaube, ich habe gesündigt „Schutzengel bitte geh' jetzt Du für mich beichten, ich komme jetzt nicht dazu, ich lege das bei der nächsten Beichte ab“ oder „Schutzengel ich kann heute nicht zur Messe gehen, hole mir Jesus, bringe mir Jesus, lege ihn in mein Herz.“, oder wenn ich in Wien fahre „Schutzengel ich kenne mich nicht aus und ich habe keinen Parkplatz, bitte schau, dass ich einen Parkplatz bekomme“ - ich kann nämlich nicht einparken - na, das ist mir nicht einmal passiert - und ich habe einparken können. Und ich sage immer „Schutzengel ich bin so froh, dass Du dies alles für mich machst“.[245]

Für die Journalistin und Mitarbeiterin in der kath. Erwachsenenbildung in Stuttgart, C. Härlin, bedeutet Glaube, mit und von Gott sprechen zu können:

Soll ich eine Entscheidung treffen, so sage ich zuweilen: „Das entscheidet der liebe Gott für mich.“ Ich bitte ihn aber auch um einen Parkplatz, damit ich ihn nicht durch mein Zuspätkommen zu einem Vortrag etwas blamiere.[246]

Solche direkten Gebetsbeziehungen ergeben sich aber auch aus den Medjugorje-Wallfahrten, wie JW erwähnt:

Die Gebetskreise, da sind viele und das durch die Medjugorje-Gruppe. Ich bekomme alle Monate die Botschaft, das geht jetzt schon über das Internet, und ich gebe ca. 80 Botschaften im Monat aus, denn bei uns sind es 25 und in der Kirche sind auch viele, die zwar noch nicht alle in Medjugorje waren, aber im Medjugorje-Gebetskreis sind die meisten. Ich bin die Leiterin von N. und zu Pfingsten fahre ich wieder mit einem Bus voll nach Medjugorje.

Insgesamt besuche ich 3 Gebetskreise in der Woche. Das ist in der Kirche, da sind 25-30 Leute, und da im Haus habe ich auch einen. Also wenn wir alle wären, sind es 40-50. Aber es fallen

245 Interview (wie Anmerkung 166)

246 Härlin, Camilla: Wer nur anklagt, lebt nicht mit dem Glauben. In: Dirks, Marianne (Hg.): Glauben Frauen anders? Erfahrungen und Anstöße. Freiburg u. a. 1987, S. 94-104, hier S. 96.

auch immer wieder einige aus, dann kommen wieder andere dazu und ich bin dankbar, dass es so flexibel ist.

Aus dem Medjugorje-Kreis sind viele bei den Herz-Jesu-Familien dabei.[247]

Das routinemäßige Anrufen der Muttergottes, der Beginn und der Abschluss des Tages im Gebet, die Hinwendung zum Schutzengel, der stumme Blick auf das Herz-Jesu-Bild sind eindrucksvolle Beispiel für Rituale, welche die Übereinstimmung der oben angeführten wissenschaftlichen Literatur mit den empirischen Ergebnissen meiner Arbeit stützen und bestätigen.

Diese Anrufungen sind wie „viele Ausdrucksformen traditioneller ‚Volksfrömmigkeit' auf das Wiedererlangen der Gesundheit", auch der seelischen, bezogen.[248] „Das gilt gleichermaßen für den betenden Katholiken, der seinem Gebet ‚Wirkung' in der Außenwelt zuschreibt, wie für den Teilnehmer an einem schamanistischen Ritual [...]."[249]

Gewiss nicht im selben Verständnis, aber doch sehr ähnlich bezeichnet der Kölner Kardinal J. Meisner deshalb das Gebet als „die verborgene Großmacht der Welt, es vermag auch dort noch zu wirken, wo menschliches Unvermögen zu triumphieren scheint."[250]

Das Gebet der Herz-Jesu-Familien gilt aber nicht nur den eigenen Anliegen, sondern ist zugleich mit anderen Gläubigen weltweit verbunden und ein Gebet, das auch andere „Meinungen", wie es im katholischen Sprachgebrauch heißt, umfasst: IW überlässt die Auswahl der Gebetsintention z. B. der Muttergottes (s. S. 56), RK erhält ihren Gebetsauftrag vom Gemeindepfarrer:

Ja wir sollen auch für die Bekehrung der Moslems beten, dass sie von dem Wahn abgehen die ganze Welt islamisieren zu wollen, oder uns mit hohen Geburtenzahlen überrennen.[251]

Der direkte Zugang zu Gott, den Engeln und Heiligen, wie auch spontane, außerhalb der kirchlichen Hierarchie entstehende Gebetskreise, z. B. rund um Medjugorje, bergen freilich eine gewisse Gefahr für die Amtskirche: Denn eine gnostische, der Anleitung durch die Priesterschaft für den Zugang zum Übernatürlichen nicht bedürftige Glaubensgemeinschaft stellt deren Autorität grundsätzlich in Frage. Dass

247 Interview (wie Anmerkung 224)

248 Wolf (wie Anmerkung 14), S. 75

249 Obrecht, Andreas J. zitiert nach Wolf (wie Anmerkung 14), S. 75

250 Informationsblatt (wie Anmerkung 161), S. 3.

251 Interview (wie Anmerkung 171)

dies bei der Herz-Jesu-Verehrung und insbesondere der Herz-Jesu-Familie keine besondere Gefahr bildet, geht zum einen auf den zahlenmäßig geringen Umfang der Bewegung und andererseits darauf zurück, dass die Kirchenorganisation durch diskretes Auffangen der Bewegung über charismatische Priester einer solchen Möglichkeit entgegenwirkt.

So sehr aber die Kirche Andachten und Gebet befürwortet und die Volksfrömmigkeit bezüglich der heiligen Engel als in sich berechtigt und heilsam anerkennt, darf sie doch nicht dazu führen, dass bei „geringsten Schwierigkeiten schematisch, vereinfacht und fast kindisch [...] alle Erfolge dem Schutzengel" zugeschrieben werden.[252]

8.4 Herz Jesu und Herz Mariä

Unübersehbar besteht die überwiegende Mehrheit der Teilnehmer am Herz-Jesu-Kult aus Frauen. Die Hinwendung der Herz-Jesu-Verehrung zur Muttergottes erklärt sich, zumindest teilweise, aus der stark auf die Familie ausgerichteten sozialen Rolle der Frau als Mutter (was im profanen Bereich etwa eine Würdigung und Betonung im Ritual des „Muttertags" findet).

Dass unübersehbar dieser enge Zusammenhang zwischen der Verehrung des Herzens Jesu und des Herzens Mariens besteht, erklärt Pater IF so:

> Es ist sicher ein vielfacher Weg und ein theologisch einsichtiger Weg, denn es ist die Aufgabe Mariens, diesen Zubringerdienst zu leisten.
>
> Na ich könnte Ihnen sogar an einer Biographie das ein bisschen auch näher bringen. Der Kardinal Groer, der hat in Maria Roggendorf sich wirklich verausgabt in der Marien-Verehrung, dann ist er Bischof geworden und er hat in zunehmender Weise die Herz-Jesu-Verehrung wieder zur Sprache gebracht und er hat im Dom dann wieder die Herz-Jesu-Predigten an jedem Herz-Jesu-Freitag eingeführt und das Herz-Jesu-Bild, hinten links, wieder zu Ehren gebracht.[253]

Deutlich wird diese Verbindung des Herz-Jesu-Kultes mit der Marien-Verehrung z. B. im Gespräch mit IW, die beschreibt, wie sie in Schio (Italien) den „Duft der Muttergottes" verspürt und danach „die Weihe zur Muttergottes gemacht" hat. Sie erzählt, wie ihr sterbenskranker

252 Direktorium (wie Anmerkung 73), Nr. 217

253 Interview mit Pater IF vom 6.12.2005

Mann „sich eigentlich in die Hand der Muttergottes und des Herzens Jesu begeben" hat und „kann die Muttergottes nicht vom Herzen Jesu trennen."[254]

Auch ein „Apostel" bestätigt: „Ich glaube, alle die wir hier sitzen, sind große Marien-Verehrer."[255]

Hauschild merkt an, „der einzelne Mensch (ist) geborgen im Mantelwurf der Heiligen Jungfrau."[256]

RK hat beobachtet:

> Manche Menschen sind nur auf die Muttergottes bezogen, dass sollte aber auch nicht sein, denn die Muttergottes ist eine, die uns zu Jesus führt, aber wir dürfen nie bei der Muttergottes hängen bleiben.[257]

Laut Scharfe hätte sich im Katholizismus die Betonung von Maria als Frau und Mutter in der Gegenwart noch verstärkt – „nicht zuletzt unter dem Druck des feministischen Diskurses, – [...] indem Maria zunehmend als ‚weibliche Dimension Gottes' begriffen wird"[258] Oft sind deshalb Herz-Jesu-Bilder oder -Statuen mit jenen der Muttergottes kombiniert. Sie bieten den Mitgliedern der Herz-Jesu-Familien ein sinnlich wahrnehmbares Symbol.

> „Das Herz ist in allen Kulturen ein gültiges Symbol mit gleicher Aussage: Also hat man allen Grund dabei zu bleiben und im Herz Jesu wird eben die an sich unsichtbare Liebe Gottes gegenständlich, fassbar, greifbar", sagt Pater IF.[259]

So wie das Herz Jesu in seiner greifbaren Anschaulichkeit den Kontakt zum unsichtbaren Gott erleichtert und „vermittelt", so bietet das Herz Mariens das Gefühl mütterlicher Geborgenheit, wo man Kummer und Sorgen abladen und deren Schutz man sich anvertrauen kann. Die Hinwendung zum göttlichen und zum mütterlichen Herzen bringt Trost, Schutz und Abhilfe in schwierigen oder gar als ausweglos empfundenen Lebenssituationen. Die Maiandacht mit den traditionellen Liedern ist deshalb für viele ältere Menschen der Inbegriff des schönen, feierlichen Gottesdienstes.[260]

---

254 Interview (wie Anmerkung 166)

255 Interview (wie Anmerkung 238)

256 Hauschild (wie Anmerkung 81), S. 212.

257 Interview (wie Anmerkung 171)

258 Scharfe wie (Anmerkung 82), S. 128.

259 Interview (wie Anmerkung 253)

260 Vgl. Wolf (wie Anmerkung 14), S. 82.

Selbst wenn die Herz-Jesu-Verehrung im 20. Jahrhundert stark zurückgegangen ist, so hat doch die Herz- und Blut-Symbolik in der katholischen Liturgie auch weiterhin ihren hohen Stellenwert: etwa im eucharistischen Hochgebet vor der Wandlung („Erhebet die Herzen"), in der Wandlung von Wein in das Blut Christi, in Liedern und Gebeten.

Um so mehr ist verständlich, dass das religiöse Herz-Brauchtum besonderer Bestandteil der rituellen Volksfrömmigkeit ist. M. Scharfe zufolge handelt es sich um eine „Verbildlichung und Verdichtung einzelner Züge des Gottessohnes zur Allegorie" und einer „erkennbaren Betonung der Innerlichkeit" in der Verehrung des Herzens Jesu, das dem Herzen des Menschen „korrespondiert."[261]

8.5 Bilder und Statuen

Bilder dienen Scharfe zufolge „der Schau, der Vergegenwärtigung und Identifikation, der Belehrung, der Einprägung."[262] „Ich habe natürlich mehrere Herz-Jesu-Bilder und eine Herz-Jesu-Statue und eine Marien-Statue", erzählt IW.[263] Und

> eines Tages, an einem Sonntag, haben wir alles andere von der Wand runter gegeben und haben Herz-Jesu- und Marienbilder aufgehängt.[264]

Eine andere Herz-Jesu-Verehrerin erinnert sich,

> zu Hause haben wir ein großes Herz-Jesu-Bild gehabt, und es war immer eine Beziehung da.[265]

Auch Pater IF weiß, dass

> in der Mehrzahl der Fälle in den „Familien" Herz-Jesu-Bilder vorhanden sind, denn wir haben zwei Augen [...] es ist eine gewisse Hilfe, [...] wie alles Anschaubare für den Menschen zur Erinnerung dient oder zur Aufrechterhaltung [...] wenn Sie einen Menschen gern haben und Sie haben eine Fotografie bei sich, das ist eine Hilfe [...] das ist dasselbe.[266]

---

261 Scharfe (wie Anmerkung 82), S. 123.

262 Ebd. S. 135.

263 Interview (wie Anmerkung 166)

264 Ebd.

265 Interview (wie Anmerkung 238)

266 Interview (wie Anmerkung 253)

Pfarrer KH erklärt das so:

> [...] das Herz allein genügt nicht. Die Gläubigen brauchen eine Bezugsperson, und die sichtbar.[267]

Die Kölner Publizistin V. Sturm empfindet deshalb in der Entmythologisierung und der Säuberung der rituellen Symbol- und Bilderwelt die große Entzauberung der Welt:

> Der Paradiesgarten, die apokalyptischen Reiter und das thronende Lamm [...] die feurigen Cherubim, flügelschlagend, im Takt ungeheurer Gesänge [...] der Stall zu Bethlehem [...] Auferstehung und Himmelfahrt „im Schall der Posaune" [...] das alles wurde mit den Jahren auch innerhalb des Kirchenraumes, in Unterricht, Predigt und Gespräch seiner Wortwörtlichkeit beraubt [...] so lange, bis die ungeheuren, lieblichen, glänzenden und machtvollen, die farbigen und nachtdunklen Bilder einen einheitlichen Grauton aufwiesen: sie leuchteten nicht mehr.[268]

Ganz ähnlich fühlt G. Miller, Studiendirektorin und Autorin von spirituellen und religionspädagogischen Publikationen:

> Ich freue mich an einem Bild, das mir den Glauben vergangener Zeiten überliefert [...] ich bin froh über Sätze, mit denen man leben, die man beten kann [...] die halten und durchtragen, auch wenn Leid und Tod ins Haus kommen.

Und sie kritisiert

> [...] verwechseln manche Männer (und leider sind das oft jene, die in der Kirche das Sagen haben) die Sprache ihrer Theologie mit der Sprache des gelebten Glaubens.
>
> Sie lassen die Sprache des Glaubens nicht hochkommen [...] bis dann eines Tages einer kommt und die ‚narrative Theologie' entdeckt![269]

---

267 Interview (wie Anmerkung 225)

268 Sturm, Vilma: Wie ein Boot glitt ich fort aus dem Hafen. In: Dirks, Marianne (Hg.): Glauben Frauen anders? Erfahrungen und Anstöße. Freiburg u. a. 1987, S. 120-130, hier S. 125f.

269 Miller, Gabriele: Ich fühle mich eigentlich ganz wohl dabei. In: Dirks, Marianne (Hg.): Glauben Frauen anders? Erfahrungen und Anstöße. Freiburg u. a. 1987, S. 137-145, hier S. 143ff.

Auch RK empfindet die emotionale Kraft des Herz-Jesu-Bildes, wobei sie keinen Unterschied zwischen zwei unterschiedlichen Typen von Herz-Jesu-Bildern macht, dem offenen Herzen mit Dornenkrone aus den Visionen der Sr. Alacoque und dem strahlenden Herzen der Sr. Faustyna:

> Das hat keinen Belang, natürlich ist das offene Herz weniger ansprechend, denn da muss man die Geschichte dazu kennen. Wenn einer nicht weiß was das ist, es steht zwar in dem Büchlein drinnen, aber auch nur die zweite große Erscheinung, das ist dann schwierig.
>
> Ich habe z. B. diese Bilder hier, die sind für mich sehr ansprechend (Anm.: zeigt ein kleines Bild mit Strahlen und offenem Herzen), von wo das stammt weiß ich nicht, die hat es schon in meiner Jugend gegeben.
>
> Im Elternhaus haben wir eigentlich das Herz Jesu nicht verehrt, wir sind am Sonntag in die Messe geschickt worden. Ich war früh Halbwaise und mein Vater war evangelisch. Mein Vater ist gestorben, da war ich 8 Jahre und meine Mutter musste meine Schwester und mich alleine erziehen und sie war berufstätig in einer Rechtsanwaltskanzlei und musste noch bis Samstagmittag arbeiten. Dann wurde am Wochenende der Haushalt aufgearbeitet und sie ist selten in die Kirche gegangen, aber uns hat sie geschickt, aber Herz-Jesu-Verehrung hat es bei uns nicht gegeben.
>
> Aber wenn ich so ein Bild gesehen habe, war ich von Liebe gerührt und fasziniert.[270]
>
> Die Volksfrömmigkeit neigt dazu, eine Verehrung mit ihrer bildhaften Darstellung zu identifizieren. Das ist eine normale Tatsache, die offenkundige positive Aspekte hat, aber auch einige Nachteile verursachen kann: eine bildliche Darstellung, die nicht mehr dem Stilgefühl der Gläubigen entspricht, kann unabhängig von seinem theologischen Fundament und seinen heilsgeschichtlichen Inhalten dazu führen, den Gegenstand der Verehrung weniger hoch einzuschätzen.
>
> So geschah es auch mit der Herz-Jesu-Verehrung: Manche Ölgemälde, bisweilen zu süßlich und ungeeignet, den starken theologischen Inhalt auszudrücken, fördern nicht die Annäherung der Gläubigen an das Geheimnis des Herzen des Erlösers[271]

270 Interview (wie Anmerkung 171)

271 Direktorium (wie Anmerkung 73), Nr. 173.

Eine Wandlung des Charakters der Herz-Jesu-Darstellung ist tatsächlich festzustellen: Während unter dem Einfluss der Alacoque-Visionen lange Zeit das brennende Herz mit Dornenkrone und Flammen dominierte und Christus mit dem „exkorporierten" Herzen dargestellt wurde (Abb. 1 bis 5), findet heute sehr oft eine „modernisierte" Bildgestaltung Verwendung, die von einer Erscheinung in den 1930er Jahren an die polnische Ordensschwester Faustyna geprägt ist: „Und Jesus hat Faustyna gesagt ‚Male ein Bild von mir und schreibe: Jesus ich vertraue auf Dich'."[272] Das Bild zeigt Jesus in der Glorie in Vollfigur, die eine Hand segnend erhoben und die andere auf das (nicht sichtbare) Herz gelegt; vom Herzen geht ein übernatürlicher Glanz aus, dessen Strahlen den Gewandsaum blau und rot tönen - farbliches Symbol des Taufwassers und des zur Sündenvergebung vergossenen Blutes. (Abb. 6)

„Das Herz Jesu zerfällt also ikonographisch in unterschiedliche Bildtypen und Gnadenbilder."[273] In der Wandlung der bildlichen Darstellung zeigt sich nicht nur ein moderneres, weniger süßliches (und von der Kirche selbst mit Argwohn als verkitscht betrachtetes) Herangehen an die Herz-Jesu-Verehrung, das nun ein weniger körperlich geprägtes und stärker vergeistigtes Bild des Herzens Jesu in den Vordergrund der Betrachtung stellt. Darin erweist sich die Anpassung an eine zunehmend intellektuell orientierte und weniger magisch-mystisch bestimmte Umwelt.

Und obwohl beide Visionen, sowohl der Hl. Maria Alacoque wie der Schwester Faustyna, dem Umfeld einer die verinnerlichte, mystische Versenkung fördernden „Communitas" der Klostergemeinschaft entstammen, mag man darin auch einen anderen Faktor erkennen: dass nämlich das allgemeine gesellschaftliche Klima als Nährboden für die Entstehung solcher Visionen eine nicht zu unterschätzende Rolle spielt: Denn es ist schwer vorstellbar, dass sich derartige Erscheinungen im säkularisierten Frankreich mit seiner Trennung von Kirche und Staat manifestieren können, während sie im tief katholischen und dem Muttergottes-Kult besonders zugetanen Polen - man denke nur an die besondere Marien-Verehrung des verstorbenen letzten Papstes - noch im 20. Jahrhundert möglich wurden.

Bemerkenswert ist in den Visionen der Hl. M. Alacoque, besonders aber der Schwester Faustyna, auch die Parallele zu frühchristlichen Legenden über das wahre Abbild Christi, wie sie sich etwa in der Abgar-Erzählung oder im Schweißtuch der Hl. Veronika oder aber bei der

272 Informationsblatt (wie Anmerkung 161)

273 Scharfe (wie Anmerkung 82), S. 149.

Muttergottes in der Darstellung durch den Apostel Lukas zeigen. Denn auch die Vision der Schwester Faustyna erhebt indirekt (durch den erhaltenen Auftrag „Male!") den Anspruch einer authentischen Wiedergabe des Herzens Jesu in der Glorie.

Diese symbolische oder magisch-mystische Aufladung von Bildern zeigt sich z. B. in einer Erinnerung von JW:

> Na und in meinem Alter wissen die meisten noch, wir haben müssen nachmittags in die Kirche gehen, das war am Sonntag nach dem Herz-Jesu-Freitag, da ist gesungen worden und in der Kirche sind wir um den Altar gegangen und der Pfarrer hat das Herz-Jesu-Bild gehalten und wir haben es küssen dürfen und er hat es immer abgewischt. Das war früher, da waren wir noch Kinder und Jugendliche.[274]

Solche Bräuche halten sich aber auch heute noch in vornehmlich ländlichen Gebieten, wenn den Gläubigen an hohen Festtagen oder zu besonderen Anlässen das Kreuz oder ein Heiligenbild oder bei der feierlichen Aussetzung die Monstranz nicht nur zur Betrachtung, sondern auch zum Kuss oder zur Berührung gereicht wird, wie das in Süditalien durchaus üblich ist, wie ich das aber auch selbst in einem Dorf in Flandern anlässlich einer Totenmesse miterleben konnte.

Hier erweist sich bereits eine Nähe des Rituals zu einer echten Bilderverehrung, was wegen der Nähe zum Aberglauben von der Amtskirche nicht gerne gesehen und nur für besondere Fälle gestattet wird.

> Die Verehrung der Bilder (ist) [...] ein wichtiges Element der Volksfrömmigkeit: Die Gläubigen beten vor ihnen in den Kirchen oder in den eigenen Wohnungen. Sie schmücken sie mit Blumen, Lichtern und Edelsteinen.[275]

> Der Gebrauch religiöser Bilder hat im Bereich der Volksfrömmigkeit eine große Bedeutung. Gemäß den Gesetzen der Kultur und der Vielfalt der Künste helfen sie den Gläubigen, sich vor ihnen in die Geheimnisse des christlichen Glaubens zu versenken. Das Verehren heiliger Bilder gehört sicher zum Wesen der katholischen Frömmigkeit", wobei „die Verehrung der bildlichen Darstellung der dargestellten Person gilt.[276]

274 Interview (wie Anmerkung 224)

275 Direktorium (wie Anmerkung 73), Nr. 239.

276 Ebd. Nr. 18.

8.6 Rosenkranz

Das marianische Rosenkranzgebet ist bei Herz-Jesu-bewegten Gläubigen angesichts ihrer Verbundenheit mit der Gottesmutter fest verankert; vor einer Herz-Jesu-Messe oder bei Andachten wird in aller Regel gemeinsam der Rosenkranz gebetet. GR erzählt, dass „immer der erste Freitag im Monat „Herz-Jesu-Freitag“ ist mit „Messe und vorher eine halbe Stunde Rosenkranz.“[277] IW hat in einer typischen Schwellenphase (Tod des Vaters, dann des Mannes, mystisches Erlebnis in Schio) einen Rosenkranz gekauft und beschlossen, „ab heute wird Rosenkranz gebetet.“[278] Ein „Apostel“ ist überzeugt:

> Ohne Herz Jesu gibt es nichts, keinen Tag nicht. Also in den Legionsgebeten ist immer der Anruf an das Herz Jesu und danach an das Herz Mariens, also der das täglich betet, Rosenkranz und das alles - betet täglich auch das Herz Jesu an.[279]

Eine andere Herz-Jesu-Verehrerin betont:

> Einen Rosenkranz hat jeder mit, ein Marienmedaillon hat jeder mit oder das Kreuz.[280]

IW erzählt:

> Und ich habe mir natürlich einen Rosenkranz dort in Schio gekauft (holt ihn aus der Hosentasche), den habe ich mir gekauft und dieses Kreuz (gehört zum Rosenkranz dazu) und seit dem 96er Jahr habe ich das Tag und Nacht bei mir.
>
> Ich bin dann nach Hause gekommen und dort war eine Frau und weil ich gefragt habe „Wie betet man ihn (den Rosenkranz)?“ und die hat gesagt „Ja können Sie ihn denn nicht beten?“
>
> Meine Antwort darauf war „Nein, ich kann das nicht.“ Und die hat dann gesagt „Ab heute bete ich jeden Tag für Sie“ - die betet heute noch jeden Tag für mich - „ich schicke Ihnen das zu, wie man den Rosenkranz betet, aber im Gotteslob steht das ja auch drinnen, kennen Sie das?“ „Ja habe ich.“
>
> Dann bin ich nach Hause gekommen und habe zu meinem Mann und meinem Sohn gesagt: „Passt's auf, ab heute schau' ich nicht mehr Fernsehen, ab heute wird Rosenkranz gebetet.“ Und ich habe mir das Gotteslob genommen und habe Rosen-

---

277 Interview (wie Anmerkung 169)

278 Interview (wie Anmerkung 166)

279 Interview (wie Anmerkung 238)

280 Ebd.

kranz beten gelernt. Und seit diesem Zeitpunkt, denn da unten haben wir ein Stüberl, bete ich jeden Tag den Rosenkranz, seit dem 96er Jahr. Ich habe mich da eingearbeitet, aber ich habe zu meiner Familie nicht gesagt, so ihr müsst's Euch daher setzen und mit mir den Rosenkranz beten, sondern die haben gewusst, wenn sie am Abend fernsehen, die Mutter sitzt unten und betet. Aber immer ist ein anderes Familienmitglied gekommen und hat mit mir eine zeitlang gebetet. Und so ist das gewachsen.[281]

Daneben gibt es einen eigenen Herz-Jesu-Rosenkranz (Abb. 7), den sog. Rosenkranz der Barmherzigkeit, mit speziell an das Herz Jesu gerichteten Gesätzen. JW trägt ihn wie ein Amulett als Armband, in vielen Autos baumelt er am Rückspiegel usw.

Freilich werden Herz-Jesu-Devotionalien verschiedenster Form (Schlüsselanhänger, Medaillons an Halskettchen u. dgl.) „nicht mehr in dem Ausmaß, wie es noch vor dem Krieg war oder vor dem Konzil" verwendet.[282]

Diese Verwendung belegt aber auch die fließende Grenze zwischen Glauben und Aberglauben: Das Kreuz, der Rosenkranz, die Überraschungsäußerung „Jessas na" oder religiöse Kürzel wie das IHS- oder das CMB-Zeichen als Schutz und apotropäische Wirkung, als Talisman und Amulett für Gegenstände oder Personen, können bereits einer im kirchlichen Sinne missbräuchlichen Verwendung nahe kommen.[283]

Die litaneiförmige Wiederholung der Rosenkranz-Gesätze, während die Perlen des Rosenkranzes durch die Finger gleiten - meist in einer dunklen, von wenigen Kerzen kaum erhellten Kirche - schafft eine mystisch-meditative Atmosphäre zur Einstimmung in die anschließende Messfeier. Der Rosenkranz ist eine „Form betenden Nachdenkens", die vom „Denken, von der Einbildungskraft, von der Gefühlsbewegung und vom Verlangen Gebrauch" macht, heißt es im Katechismus der Katholischen Kirche, [284] „ein betrachtendes Gebet, dessen Rezitation einen ruhigen Rhythmus und ein fast zögerndes Überdenken erfordert."[285] Der Rosenkranz weist aber auch einen körperlichen Aspekt auf als ritueller Gegenstand, der „das Gebet haptisch und optisch strukturiert"[286] und damit die Sinne anspricht.

281 Interview (wie Anmerkung 166)

282 Interview (wie Anmerkung 253)

283 Scharfe (wie Anmerkung 82), S. 154.

284 Katechismus der Katholischen Kirche. München u. a. 1993, S. 697.

285 Direktorium (wie Anmerkung 73), Nr. 197.

286 Scharfe (wie Anmerkung 82), S. 150.

Korff zitiert beispielhaft einen Gläubigen, für den „das Wichtigste am Gebet die Beruhigung ist" und damit primär „eine sedative Wirkung".[287] Für viele Frauen waren und sind daher Kirche, Gebet und Rosenkranz nicht zuletzt auch eine Möglichkeit zu Ruhe und Sammlung nach der mühe- und aufopferungsvollen Tages- und Familienarbeit.

> Es scheint, dass allein schon die Teilnahme an einer rituellen Handlung eine Befriedigung bewirkt, die gar nicht so sehr von ihrem Inhalt abhängt.[288]

Ähnlich formuliert Armin Nassehi, wenn auch er die rituelle Form des Gebetes gegenüber dem Inhalt in den Vordergrund stellt:

> Das erlaubt es religiöser Kommunikation wie keiner anderen, sich indirekt zu äußeren, in Bildern und Symbolen zu sprechen, Unbestimmtheit zuzulassen. Was religiöse Kommunikation in der heutigen Zeit ‚gut' macht, ist wahrscheinlich, dass sie so viel Unbestimmtheit aushalten kann, um sogar auf religiöse Inhalte im engeren Sinn verzichten zu können [...] Authentizität herzustellen, in der bereits das Sprechen der Sinn des Sprechens ist [...] Die Substanz des Religiösen liegt immer weniger in den Weltbildern religiöser Sinnsysteme, sondern in einer Praxisform, die auch in einer - wie Max Weber es formulierte - gottfernen und prophetenlosen Zeit auf Sprachformen zurückgreifen kann, in denen es nicht nur um den sachlichen Gehalt der Form, sondern um die Form selbst geht. Die enorme ästhetische Potenz des lateinischen Messritus bestand gerade darin, dass man ihn nicht verstehen konnte - und dass er darin verstehbar war.[289]

Auch Scharfe glaubt, dass man „die Tätigkeit des Betens [...] von seinem Text (dem Gebet) durchaus abtrennen kann" und spricht von einer unterschiedlichen „Leiblichkeit des Sprechens", das sich in Rhythmus, Ton und Sprachlebendigkeit in einem genormten Gebetstext wie Vaterunser- oder Rosenkranzgebet anders ausdrücke als im nicht textgebundenen Gebet; einen noch anderen Gestus und leiblichen Aspekt wiederum wiesen die Prozessionen auf.[290]

---

287 Korff (wie Anmerkung 67), S. 121.

288 Stieve, Hennig: Über biologische Wurzeln religiösen Verhaltens aus der Sicht eines Biologen. In: Baumann, Urs (Hg.): Gott im Haus der Wissenschaften. Ein interdisziplinäres Gespräch. Frankfurt a. M. 2004, S. 98-117, hier S. 105.

289 Nassehi (wie Anmerkung 21), S. 54

290 Scharfe (wie Anmerkung 82), S. 137.

Deshalb meint auch die Theologieprofessorin D. Sölle:

> Eine einfache Frau in Süditalien, die den Rosenkranz betet und dabei eben doch ihre eigenen Gedanken hat, also auch die untersprachlichen [...] ist doch kreativer als ihre Schwester in Hamburg, die vor dem Fernseher hockt. [...] Es geht darum, die Pole von Mystik und Politik, von Kampf und Kontemplation wieder zusammenzubringen, die Grunderfahrungen der christlichen Tradition aufzuschlüsseln für die gesellschaftliche Situation [...].[291]

Diese Hingabe an das Herz Jesu oder die Muttergottes kommt auch in der Körperhaltung der Betenden äußerlich zum Ausdruck: Mit gesenktem Haupt und Blick und kindlich-vertrauensvoll gefalteten Händen, die sich in die Hände des angebeteten göttlichen Wesens überantworten, oft in kniender Demutshaltung, versenken sich die Gläubigen in die stets wiederkehrenden, den Geist frei machenden Wiederholungen der formelhaften Gebetsworte. In dieser Gemeinsamkeit zeigt sich ein Schlüsselelement des Rituals als sprachlos verbindende Kommunikation von Gruppen.

8.7 Habitus

Auch zum „Habitus" findet sich - über die allgemeine religiöse Prägung hinaus - in den Interviews ein konkreter Bezug, wenn sich etwa GR daran erinnert, dass Pfarrer St.

> so volkstümlich geredet hat, es haben ihn alle verstanden, und er sagte auch zu den Schwestern ‚Bleibt's doch in Eurer Tracht, denn wenn Euch die Leute sehen, dann denken sie „aha da ist eine Schwester und bringen sie mit Gott in Verbindung". Aber sie gehen ‚privat', tragen Hosen usw. [...][292]

Es geht dem traditionellen Werten verbundenen Pfarrer also darum, dass sich Ordensschwestern durch ihren Habitus, in diesem Fall durch ihr äußeres Erscheinungsbild der Ordenstracht, nach außen hin als Ordensangehörige zu erkennen geben und diesen Habitus, der sich etwa auch im Tragen des Kreuzes (am Rosenkranz, an einer Kette oder nur als Anstecknadel usw.) äußert, nicht verschleiern oder in seiner Intensität herabstufen.

---

291 Sölle, Dorothee: Nicht nur eine Erfahrung, sondern auch eine Aufgabe. In: Dirks, Marianne (Hg.): Glauben Frauen anders? Erfahrungen und Anstöße. Freiburg u. a. 1987, S. 157-165, hier S. 164f.

292 Interview (wie Anmerkung 169)

Denn die „Verehrung“ des Numinosen drückt sich nicht nur in verschiedenen äußeren Frömmigkeitsübungen aus, wie etwa der Herz-Jesu-Novene, die zu bestimmten, vorgegebenen Zeiten gebetet wird, sondern auch durch Abzeichen, Medaillen, Bekleidungsstücke usw., welche die „besondere Beziehung eines Gläubigen zu den Göttlichen Personen, zur heiligen Jungfrau Maria, [...] zu den Heiligen“ zum Ausdruck bringen.[293]

Ergänzend sei angesichts der meist schwarzen oder dunkelfarbigen geistlichen Kleidung daran erinnert, dass Soeffner zufolge Schwarz die Farbe der Meditation und Konzentration - sichtbares Zeichen der Ablehnung von sinnlicher Weltzugewandtheit und sinnlichem Genuss“ ist und war.[294]

Eine andere, in diesem Fall für die beobachtende Person negativ konnotierte Form des Habitus beschreibt A. Schmidt-Biesalski:

> Alte und ältliche Frauen, auf dem Kopf das Hütchen der Heilsarmee, das Häubchen der Diakonisse oder einfach eine schlichte Halleluja-Zwiebel im Nacken, schwarz oder gräulich gekleidet: einmal im Jahr treffen sich diese Frauen in der Kirche und murmeln Gebete.[295]

8.8 Mystik und Spiritualität

Nicht überall wird die Herz-Jesu-Andacht in gleicher Weise gestaltet: Typisch ist jedoch die Sehnsucht nach Mystik, die sprachlich oft mit „Spiritualität“ umschrieben wird. Einem „Apostel“ ist z. B. aufgefallen, dass in Herz-Jesu-Rundbriefen

> die Frömmigkeit, das Mystische fehlt. Und ohne Mystik ist ja nichts, ohne Weihrauch und Mystik ist nichts. Am Herz-Jesu-Freitag bei uns hier ist immer Weihrauch, und wenn der Pater Th. dann die Monstranz trägt, dann räuchert der Bruder A. sehr viel - und ich finde das schön.[296]

Auch Pater IF erinnert sich aus seiner Kindheit

> heute noch mit Freude an die Herz-Jesu-Freitage [...] mit einer feierlichen Hl. Messe, mit Herz-Jesu-Predigt [...]. Heute ist das

293 Direktorium (wie Anmerkung 73), Nr. 8.

294 Soeffner zitiert nach Warneken (wie Anmerkung 147), S. 554.

295 Schmidt-Biesalski (wie Anmerkung 68), S. 57.

296 Interview (wie Anmerkung 169)

> streng verboten, die Hl. Messe vor ausgesetztem Allerheiligsten und mit viel Weihrauch und so weiter.[297]

Zur Frage, ob denn die Mystik die Attraktivität der Herz-Jesu-Verehrung ausmache, meinte der Pater:

> Es wird nicht reflektiert sein [...] es ist eine Art Gespür und das ist doch die Besinnung auf das Wesentliche.[298]

Diese Empfänglichkeit für (über)sinnliche Eindrücke bezeugt beispielsweise IW:

> Und dann sind wir aus der Kapelle und wir haben diesen Duft gerochen, den Duft der Muttergottes [...] von dem die Wissenschaft natürlich gar nicht weiß, wo er herkommt.[299]

Das Bedürfnis, aber auch die Empfänglichkeit für wissenschaftsferne Mystik ist für den außen stehenden Beobachter schwer fassbar; das mystische Erlebnis lässt sich vom Ethnologen nicht empirisch nachprüfen. Wie schwer es ist, in diesen höchstpersönlichen Bereich einzudringen, zeigt eine weitere Bemerkung von IW zum Besuch der oben erwähnten Kapelle:

> Und dort hat sich noch einiges ereignet, aber das würde jetzt zu weit führen.[300]

- die Interview-Partnerin hatte offensichtlich Scheu, sich und ihre Gefühlserlebnisse hier weiter zu öffnen.

Auch für die Lehrstuhlinhaberin „Christentum und Feminismus" an der Universität Nijmegen, C.J. M. Halkes sind diese

> religiösen Erfahrungen, vor allem in der Liturgie [...] immer lebendig geblieben. Sie bedeuten eine Oase für mich, ein Gefühl, herausgehoben zu werden, sie sind für mich Harmonie, Frieden und Heilung.[301]

GR zufolge finden die Herz-Jesu-Andachten und die Anbetungen wegen dieses Gefühls der Ruhe und der „Schönheit" des Rituals besonderen Anklang bei den Gläubigen:

---

297 Interview (wie Anmerkung 253)

298 Ebd.

299 Interview (wie Anmerkung 166)

300 Ebd.

301 Halkes, Catharina J. M.: Ohnmacht und Übermacht werden abgelegt werden. In: Dirks, Marianne (Hg.): Glauben Frauen anders? Erfahrungen und Anstöße. Freiburg u,a, 1987, S. 82-93, hier S. 85.

> Ich meine die Kirche ist nicht voll, aber ich würde sagen, gut besucht, da kommen die Leute auch aus der Umgebung, die frommen Leute halt. Aber es kommen auch junge Leute. Also was mich freut, junge Frauen mit ihren Kindern und immer mehr sagen, „mein Gott ist das schön". Und viele haben ja auch Sorgen, wie auch immer, das ist halt so, und dann kommt man zur Ruhe und sie lernen das auch den Kindern, halt ein bisschen, denn manchmal sind sie schon unruhig.[302]

Alle Interviewpartner sind besonders empfänglich für „charismatische", d. h. durch feierliche Rituale und Symbole geprägte monatliche „Herz-Jesu-Messen." Charismatisch ist, wie sich in den Befragungen zeigte, das Codewort für mystisches, verinnerlichendes, vorkonziliares Kult- und Symbol-Leben. „Der zur Weltflucht neigende charismatische Fundamentalismus kreist [...] um das religiöse Gefühl, das individuelle Gotteserlebnis sowie das Wunder[...]", oft verbunden mit dem Widerstand gegen Modernisierungen des Rituals, der Lehre und der Organisation.[303]

Dieser mystischen Grundstimmung versuchen auch zahlreiche Herz-Jesu-Publikationen und das weite Feld der Erbauungsliteratur zu entsprechen, wie etwa die Betrachtungen von Urs v. Balthasar („Das Herz der Welt") oder Johannes Messner (z. B. über eine „Litanei zum Unbefleckten Herzen Mariä" des verstorbenen Kardinals Newman, in dem 4 Absätze dem Herzen Jesu gewidmet sind („Spirituelle Schriften").

Diese besonders feierlichen Messen wurden in der von mir beobachteten Gemeinde erst wieder im Gefolge einer 1999 organisierten Volksmission eingeführt - auch dies letztlich eine „erfundene Tradition". Bei einer solchen Messfeier, an der ich teilnehmen konnte, waren 100 bis 120 Gläubige aller Altersstufen anwesend, überwiegend Frauen, aber doch auch etwa 30 Prozent Männer. Nach einem feierlichen Einzug des Priesters in die Kirche wurde gemeinsam die Herz-Jesu-Litanei gebetet und anschließend die Messe gefeiert. Danach wurde das Allerheiligste ausgesetzt und eine Andacht mit Bitten an Jesus um Heilung der kranken Seele und des Leibes, der kranken Menschen in der Pfarre usw. gebetet - ein Ritual, das Gemeinsamkeit und Trost vermittelt. Nach jeder Fürbitte wurde das Erbarmen Gottes mit dreimaligem Kyrie eleison (nach altem feierlichem Ritus und nicht in der Volkssprache!) und nach einer ostkirchlichen (für ihre Mystik bekannten) Melodie erfleht. In der Folge gingen die Gläubigen nach vorne zum Priester, um durch das Kreuzzeichen mit der Monstranz den eucharistischen Einzelsegen

---

302 Interview (wie Anmerkung 169)

303 Knoblauch (wie Anmerkung 6), S. 176.

zu erhalten; dabei schwoll der begleitende Gesang mit der Bewegung der Gläubigen zum Altar und wieder zurück jeweils rhythmisch an und ab. Der Weihrauchkessel wurde geschwungen und zum Abschluss die Weihe der Pfarre an das Herz Jesu erneuert.

In diesen Zeremonien zeigen sich zahlreiche Formen von Ritualen:

- die Litanei als eine Abfolge standardisierter Bittanrufungen im Wechselgesang zwischen Vorbeter und gemeinsamer Antwort der Gläubigen
- das Gebet um Heilung und Erbarmen im Vertrauen auf eine transzendentale, in die Welt hinein wirkende Heilkraft
- das Kreuzzeichen als Einzelsegen, das den ganzen Körper wie eine Mandorla schützend mit einer Aura umhüllt (das Kreuz ist „Zeichen Gottes" und Symbol der christlichen „Weltanschauungsgemeinschaft"[304]); es schafft tabuisierte Schutzräume und verbindet sich im vielfältigen Gebrauch des Volksglaubens mit dem Sinn magischer Abwehr
- die gemeinsame Weihe der Gläubigen, die sich dem Herzen Jesu anvertrauen.

Gerade dieser rituelle Glanz wurde durch das 2. Vatikanum beschränkt, und deshalb ist es u. a. heute „streng verboten, die Hl. Messe vor ausgesetztem Allerheiligsten und mit viel Weihrauch" zu zelebrieren.[305] Rituelle Äußerlichkeiten sollen nicht vom inhaltlichen Gehalt des Erlösungsgeheimnisses ablenken.

Eine andere Form spiritueller Andacht ist etwa der „Abend der Barmherzigkeit" der Johannes-Gemeinschaft, eines neuen Ordens, der Pfarrer KH zufolge auf die Offenbarungen der Schwester Faustyna und besonders die Barmherzigkeit des Herzens Jesu gründet:

> Da ist keine Hl. Messe dabei, es sind zuerst rhythmische Lieder, Lobpreislieder, dann die Begrüßung, dann ist wieder eine Lobpreisung, dann eine Predigt - eine religiöse Unterweisung, eine Katechese - und dann wird das Allerheiligste ausgesetzt zur Anbetung und da kommen dann die Leute hervor, knien nieder usw. und die einzelnen Anliegen, die man hat, die bringt man hin, die kann man vorher auf einen Zettel schreiben, den gibt man dort in eine Box hinein als Symbol, das Allerheiligste ist ja ausgesetzt, - ich übergebe das Jesus, jetzt und hier - und dann ziehe ich mir, da ist eine zweite Box da, einen Bibelspruch - so

304 Kaschuba (wie Anmerkung 80), S. 185.

305 Interview (wie Anmerkung 253)

> dass Jesus jetzt zu mir spricht und mir auf meine Sorgen eine Antwort gibt.[306]

Viele Religionsübungen lassen sich als Versuche beschreiben, sagt M. Scharfe, „handelnd am Heiligen teilzunehmen […] oder sich das Heilige anzueignen: der Gebrauch des Weihwassers ist zu nennen wie derjenige von geweihten Medaillen […]"[307] usw. Dazu zählt auch die

> sinnliche Übereignung, die wenigstens im Bestreben des Gläubigen besteht, eine Spur von sich am heiligen Ort zu hinterlassen […] Schriftzüge sind solche hinterlassene Spur […] Der Kern dieses Musters ist, mit eigener Hand ein inneres Anliegen (ein Bitt- oder Dankgebet, ein Beziehungsgefühl) niederzuschreiben und dieses Anliegen […] am heiligen Ort niederzulegen.[308]

Pater IF ist überzeugt:

> Wir müssen das Andachtsleben, das ja weitgehend geschwunden ist, versuchen wieder zu beleben. Die Segensandacht und als solche dann auch die auf das Herz Jesu bezogene Andacht, das ist mit der Litanei, das sind die Sühnegebete - das was wir halt an Erbgut haben und vorfinden.[309]

Denn

> manche Priester wollen die Religion von heidnischen äußeren Zeichen reinigen, von der Magie, sie wollen den Kult vergeistigen […] - aber die Menschen brauchen Orientierung in Zeit und Raum, und sie wollen etwas anfassen.[310]

Deshalb wollen die Ordensgemeinschaft der Dehonianer SCJ am Hafnerberg/NÖ, die sich besonders der Pflege der Herz-Jesu-Frömmigkeit in Österreich verschrieben haben, mit der „Spiritualität" ihrer Aktivitäten „alle Sinne" - den ganzen Menschen, nicht nur seinen Intellekt - ansprechen.

Die katholische Kirche ist sich offensichtlich der Bedeutung dieses mystischen Elements in der Auseinandersetzung mit anderen Sinnanbietern bewusst. Radio Vatikan kommentiert ein vatikanisches Dokument aus 2003, das vor antiken gnostischen Glaubensformen des „New Age" warnt, mit der Feststellung:

---

306 Interview (wie Anmerkung 225)

307 Scharfe (wie Anmerkung 82), S. 139.

308 Ebd. S. 140.

309 Interview (wie Anmerkung 253)

310 Hauschild (wie Anmerkung 81), S. 102.

> Die Menschen spüren, dass die christliche Religion ihnen nicht das bietet - oder vielleicht nie geboten hat - was sie wirklich brauchen. Was Menschen häufig zu New Age hintreibt, ist ein authentischer Wunsch nach tieferer Spiritualität - etwas, das ihr Herz anrührt, der Wunsch, einer unübersichtlichen, oft feindlichen Welt einen Sinn zu geben.[311]

8.9 Sinnliches und Übersinnliches

In denselben mystisch-religiösen Rahmen fällt auch die Bemerkung, „der Emilio K. ist ein Priester, der aber auch Heilungen machen kann."[312] GR verspürt, wenn sie über unterschiedliche Formen der Herz-Jesu-Anbetung geistlicher Orden befragt wird, „es ist oft eine bisserl andere Spiritualität."[313] Favret-Saada hat beschrieben, wie schwierig es bei ihren Untersuchungen war, nicht den Eindruck zu erwecken, sie halte die Befragten wegen ihres „Aberglaubens" für rückständig. Ganz in diesem Sinn sagt der „Apostel" GR:

> In Medjugorje habe ich dann - Sie dürfen mich nicht für übergeschnappt halten, ich konnte es ja fast selber nicht glauben - aber dort steht ein großes Kreuz und wie ich so stand und gebetet habe, war das ganze Kreuz in eine Lichterscheinung gehüllt. Das war ein überwältigendes Erlebnis und hat mich in meinem Glauben bestärkt.[314]

Ähnlich berichtet Bozena Selinschek:

> Medjugorje hat eine besondere Ausstrahlung, man muss es erleben. Wenn man auf den Berg der Erscheinungen geht, da erlebt man etwas ganz Besonderes. Diese sehr starke Ausstrahlung wurde auch schon gemessen. Wissenschaftler haben sehr starke Strahlen festgestellt. Es ist sicher, dass die Muttergottes dort erscheint, man spürt ihre Gegenwart [...] es ist ein Gefühl der Glückseligkeit, das man zu Hause nicht so hat [...] es ist etwas Erhabenes.[315]

Deutlich zeigt sich hier die enge, fast übergangslose Berührung zwischen Glaube und Magie, wie sie Hauschild oder Favret-Saada in ihren Untersuchungen erfahren haben, von der aber auch M. Scharfe weiß.

---

311 Radio Vatikan zitiert nach Wolf (wie Anmerkung 14), S. 87.

312 Interview (wie Anmerkung 166)

313 Interview (wie Anmerkung 169)

314 Ebd.

315 Rossmann (wie Anmerkung 182), S. 33.

8.10 Herz-Jesu-Ecke und Kerze

Zum Herz-Jesu-Ritual gehört häufig eine Andachtsecke im Zimmer, der Gnadenwinkel (typischer Ausdruck traditioneller Kult- und Glaubensformen),[316] „zwischen den beiden befensterten Hauswänden als Sakralbezirk der Stube", der die mit Marterln, Bildstöcken usw. „geistlich ‚möblierte' Landschaft" in den Wohnbereich überträgt."[317] Eine Marien- oder Herz-Jesu-Statue oder -Bild zieren die mit einer Kerze geschmückte Ecke - sinnlich greifbarer Ausweis eines Wunsches nach Geborgenheit, wie ihn in der Antike (und heute noch in asiatischen Kulturen) die Ahnen und Hausgötter boten. (Abb. 8) Auch heute gibt es Personen wie IW, die überzeugt ist und spürt, dass

> unsere Verstorbenen, wenn sie nicht mehr im Reinigungsprozess sind, [...] auch schon heilig sind im Himmel und sie hören und sehen uns und sie helfen uns in jeder Art und Weise.[318]

Die Herz-Jesu-Statue und das Kreuz stehen oft auf einem selbst gestickten Deckchen, das den Andachtsgegenständen eine auratische Überhöhung verleiht. Die eigenhändige Herstellung des Deckchens unterstreicht seinen Wert als persönliches Geschenk für den in Statue oder Bild dargestellten Gottessohn.

Die Kerze ist selbstverständlicher Bestandteil von Herz-Jesu-Andachten und -Gebeten, die mit dem rituellen Kreuzzeichen beginnen und enden:

> Wir zünden eine geweihte Kerze an [...] und haben das Kreuz bei uns stehen und beten. Das machen wir jeden Nachmittag.

Eine andere Herz-Jesu-Verehrerin sagt:

> Ich sitze und zünde mir eine Kerze an, wenn ich meine Novenen bete.

IW kennt

> viele Familien, die sitzen bei einer angezündeten Kerze und beten.[319]

„Kerzen sind Symbole des Lichts, der Hingabe und der Vollkommenheit", der „Geist wird so ruhig", dass vieles sich dann mühelos bewältigen lässt, eine „Atmosphäre des Friedens und der Kontemplation"

---

316 Vgl. Knoblauch (wie Anmerkung 6), S. 186.

317 Scharfe (wie Anmerkung 82), S. 136.

318 Interview (wie Anmerkung 166)

319 Ebd.

stellt sich ein. Licht und Kerzen sind „Symbole für Reinheit, Ruhe und Frieden, Stille, Anbetung, Schutz und für die Beziehung zu Gott."[320]

Diann L. Neu, die sich besonders mit der Analyse und Entwicklung weiblicher Ritualformen befasst, schreibt:

> Feministische Rituale beinhalten und beginnen oft mit dem Entzünden von Kerzen, ein eng mit religiösen Zeremonien verbundener Brauch. Das Kerzenlicht bringt die Teilnehmer in Verbindung mit der Welt der Geister und hält Dämonen und Negativität fern.[321]

Auch im oben beschriebenen Ablauf der Andacht zeigen sich also verschiedene, aus der Literatur bekannte Formen verbaler und nichtverbaler Rituale der Alltagsreligiosität.

8.11 Wallfahrten

„Die Wallfahrt ist eine religiöse Erfahrung universaler Art und ein typischer Ausdruck der Volksfrömmigkeit. Wallfahrten sind mit Heiligtum eng verbunden."[322] Dabei ist der Pilgerweg selbst schon Andachtsübung der Büßenden. Am Wallfahrtsort steht dann die

> Teilhabe am Heiligen im Zentrum: in Schau und Verehrung, in Andacht und Gebet, durch Präsenz bei Segnungen und beim eucharistischen Geschehen, aber durchaus auch im Genuss der Schönheit des Kirchenraumes, der Altäre und der Rituale samt den anderen Sinnesreizen, die sie bieten.[323]

Die besondere Bedeutung von Wallfahrten für das persönlich-emotionale Glaubenserlebnis kommt nicht nur in den Worten von IW zum Ausdruck, die den tiefen Eindruck schildert, den die Teilnahme an einer Wallfahrt auf sie ausgeübt hat (s. Abschnitt 8.8.).

Auch GR berichtet:

> Ja. Ich war in Medjugorje. Dort waren die Seherinnen und Seher, denen die Muttergottes seit 24 Jahren erscheint und mit ihnen spricht und ihnen sagt, was sie weitergeben sollen, und unendlich viele Gläubige.

---

320 Vgl. Caland, M. und P.: Das Kerzen-Handbuch. Alles was man über die Bedeutung und den praktischen Umgang mit Kerzen wissen möchte. Kerzenmeditationen und lichtvolle Rituale mit Farb-, Duft-, Astro- und Altarkerzen. Aitrang 1992, S. 5, 7 und 21.

321 Neu, Diann L. (wie Anmerkung 191), S. 169.

322 Direktorium (wie Anmerkung 73), Nr. 279

323 Scharfe (wie Anmerkung 82), S. 149f.

Ich habe davon gehört und wollte auch dorthin, aber ich war zu diesem Zeitpunkt sehr krank und wusste nicht so recht, ob ich fahren sollte. Aber man hat mich beruhigt und so bin ich halt mitgefahren und das war ein Erlebnis für mich, ich kann das gar nicht sagen. Es waren so viele Leute dort, die einen sind gekniet und haben gebetet, die anderen waren in Gruppen im Gebet vertieft [...]

> Und so besuchte ich dann auch die Einkehrtage und das ging dann immer weiter mit anderen Veranstaltungen bis ich dann am Hafnerberg war.
>
> Ja und da haben wir auch die Wallfahrt nach Hall mitgemacht, das hat zufällig terminlich zusammengepasst. Wir sind dann von Hall weiter gefahren nach Frankreich. Und da war wieder in Frankreich dann soviel Freude, ja so viel.
>
> Ich war auch in Helfta, das war auch ein Erlebnis für mich zu sehen wie man das wieder aufgebaut hat.
>
> Ich habe auch den Priester dort kennen gelernt, aus der ehemaligen DDR [...] da gäbe es vieles zu erzählen, aber dieses Helfta ist auch etwas Besonderes, weil die Hl. Gertrude auch viel mit Jesus direkt sprechen konnte, und das war ja bei der M. Alacoque genau so. Der ist immer Jesus erschienen und hat ihr gesagt, was sie zu tun hat.
>
> Das sind begnadete Personen. Diese Erscheinungen sind natürlich absolut echt, aber das ist eine andere Dimension, das ist für uns nicht vorstellbar.[324]

Dass diese stark gefühlsmäßig orientierte Glaubenserfahrung bei der Amtskirche nicht nur Zustimmung findet, beweist eine Bemerkung von JW, die einräumt:

> Schauen Sie, der Pfarrer H. will ja auch nicht, dass wir nach Medjugorje fahren. Aber ich will und brauche das und viele andere auch, also fahren wir. Und mittlerweile kommen viele Medjugorje-Wallfahrer in die Gebetskreise und zur Herz-Jesu-Verehrung.[325]

Dieses persönliche Erleben wird durch das Gefühl der Gemeinschaft und der Zusammengehörigkeit in einer Gruppe von Gleichgesinnten, die gemeinsam die bei Wallfahrten üblichen Rituale pflegen, zusätzlich verstärkt.

---

324 Interview (wie Anmerkung 169)

325 Interview (wie Anmerkung 224)

Die Wichtigkeit dieser Gemeinschaftserfahrung drückt RK aus, wenn sie sagt:

> Denn wissen Sie, in der heutigen Zeit kannst du als praktizierender Katholik nicht alleine sein, man ist auf einem verlorenen Posten, man braucht eine Gemeinschaft, man kann sonst nicht bestehen. Es sind so viele Einflüsse von den Medien und überall her, dass einer wie ein Felsen stark sein muss, dass er dem Ganzen widerstehen kann und es ist einfach auch viel schöner in dem Glauben zu leben, wenn man in der Gemeinschaft ist. Das ist viel, viel anziehender und auch viel wertvoller - man kann sich auch immer im Gebet an den anderen anlehnen - eine Gemeinschaft auf religiösem Gebiet ist einfach notwendig und wichtig.[326]

Herz-Jesu-Wallfahrten sind also ein durch kollektives Erleben gemeinschaftsstiftendes Ritual besonderer Art, dem sich Angehörige der Herz-Jesu-Familien deshalb gerne unterziehen. Ein regionales Pilgerzentrum ist die Gnadenkirche am Hafnerberg in NÖ (bei Stift Heiligenkreuz). Das Zentrum der österreichischen Herz-Jesu-Verehrung liegt aber in Hall in Tirol.

Wegen ihrer häufig erhöhten und einsamen Lage und der Schönheit ihrer Standorte sind Heiligtümer „Zeichen kosmischer Harmonie und ein Abglanz göttlicher Schönheit" und oft „ selbst schon ‚Kulturgut'":

> Im Heiligtum oder in seiner Nähe lassen sich wie in einer Synthese zusammengefasst zahlreiche kulturelle Zeugnisse der umliegenden Bevölkerung finden: geschichtliche, künstlerisch wertvolle, typisch mundartliche, literarische und musikalische. Unter diesem Aspekt ist das Heiligtum oft ein gültiger Bezugspunkt, um die kulturelle Identität eines Volkes zu definieren. Da sich im Heiligtum eine harmonische Synthese von Natur und Gnade, von Frömmigkeit und Kunst ausdrückt, kann es als Zeichen der via pulchritudinis (Straße der Schönheit) und der Betrachtung der Schönheit Gottes angesehen werden, als Geheimnis der Tota pulchra (der makellos Schönen) und der wunderbaren Geschehnisse im Leben von Heiligen.[327]

In Tirol ist die Herz-Jesu-Verehrung geschichtlich besonders verankert. Moore beschreibt, wie der österreichische Thronfolger Franz Ferdinand 1911 die im ehemaligen, unter Joseph II. aufgehobenen Stift gelegene Kirche renovieren ließ und die Niederlassung der „Töchter des Herzens Jesu" erwirkte. Die Innsbrucker Jesuiten wollten aus Hall ein

---

326 Interview (wie Anmerkung 171)

327 Direktorium (wie Anmerkung 73), Nr. 247 und 276.

„österreichisches Paray-le-Monial“ machen; Pius X erhob die Kirche zur Basilica minor. 1914 fand eine erste Wallfahrt von Innsbrucker Studenten statt und in der Folge entstand ein Wallfahrtszentrum. Die im Stift angesiedelte Herz-Jesu-Stiftung wurde zu einem Zentrum der Herz-Jesu-Verehrung, weshalb die Leiter des „Gebetsapostolates“ Hall zum Mittelpunkt der Thronerhebungsbewegung im deutschsprachigen Raum erwählten. Nach dem Vorbild von Sacré Coeur in Paris wurde ein „Goldenes Buch“ mit den Namen aller Familien angelegt, die eine „Inthronisation“ vornahmen.[328]

Die Bedeutung von Tirol als Stätte der Herz-Jesu-Verehrung wird auch dadurch unterstrichen, dass in Innsbruck seit 1865 der deutschsprachige „Sendbote“, die älteste und bedeutendste Herz-Jesu-Schrift erschien, bevor sie Ende der 80er Jahre des vergangenen Jahrhunderts eingestellt wurde. [329]

Die 2006 zum sechsten Mal - Zeichen einer möglichen Wiederbelebung!? - von Unio Cor Jesu, einer 1989 gegründeten Priester- und Laien-Arbeitsgemeinschaft mit etwa 200 Mitgliedern, organisierte dreitägige Wallfahrt fand vom 25. bis 27. August 2006 statt. Die etwa 100 Teilnehmer entsprachen ungefähr der Alters- und Geschlechtsstruktur in den Herz-Jesu-Familien - ca. 70 Prozent Frauen und 30 Prozent Männer, etwa 80 Prozent über 50 Jahre alt, je 10 Prozent zwischen 40 und 50 bzw. 16 bis 40 Jahren. Das Programm umfasste vor allem mehrere Messen, verbunden durch Rosenkranzgebete, Andachten, Betrachtungen und Lieder. Häufige Beichtgelegenheiten boten die Möglichkeit zu erlösender Schuldbefreiung. Beim von festlich-prunkvollem Glockengeläute begleiteten Einzug in die Basilika, deren Hauptaltar von einer lebensgroßen Herz-Jesu-Statue überragt wird (Abb. 9 und Abb. 10), wurden als bildhafte Symbole das Kreuz und eine Herz-Jesu-Fahne (symbolischer Ausdruck der Zusammengehörigkeit unter einem Zeichen) voran getragen. Die feierliche Wallfahrtsmesse wurde auf lateinisch - in einer mysteriösen, gleichsam einer anderen Welt entstammenden Sprache - zelebriert und mit der Aussetzung des Allerheiligsten und einem Weihegebet an das Herz Jesu beschlossen.

Während der Prozession durch die Altstadt von Hall beteten die Teilnehmer die Herz-Jesu-Litanei. Die Prozession ist ein universaler kultischer Ausdruck mit vielfältigen religiösen und sozialen Bedeutungen, ein „gemeinsam gegangener Weg […]: In Gebet und Gesang vereint […] erfahren die Gläubigen sich als solidarische Gemeinschaft.“[330]

---

328 Vgl. Moore (wie Anmerkung 34), S. 111.

329 Vgl. ebd. S. 70.

330 Direktorium (wie Anmerkung 73), Punkte 245 und 247.

Auch Litaneien schaffen Zusammengehörigkeitsgefühle: es sind „alte, gesungene oder gesprochene Gebetsformen, die mit einer gleich bleibenden Antwort der Teilnehmer" verbunden sind[331] und eine selbstständige kultische Handlung bilden: Sie sind aber nicht nur ein Gemeinschaft erzeugendes und verbindendes Ritual, sondern auch sicht- und hörbarer Ausdruck eines frömmigkeitsgeprägten Habitus!

Auf der Rückfahrt erfolgte im Kloster Maria Loreto zu Salzburg die Segnung der Pilger mit dem „Kindl", einer kleinen Statue des Jesuskindes, der wunderbare Gebetserhörungen zugeschrieben werden. Scharfe beschreibt solche Erfahrungen als Offenbarung Gottes

> an einem bestimmten Ort (oft in einer bestimmten Gestalt, in einem Bild), wo der Gläubige die Gnade in Empfang nehmen kann - wo der Mensch mit dem Jenseitigen in Verbindung tritt: dingliche Konkretisierung des Heiligen.[332]

Auch an diesem Ereignis zeigen sich viele in der Ritual- und Symboltheorie beschriebene Ansätze wie die Wallfahrt als Übergangsritus, sinnenprächtige an die Spiritualität appellierende Inszenierungen und Symbole (Fahne, Prozession) und „anti-modernistische" Rituale (lateinische Messsprache, Aussetzung) sowie meditatives Beten (Litaneien, Rosenkranz).

An den gesungenen Liedern war der historisch veränderte Stellenwert der Herz-Jesu-Anbetung abzulesen. Süßlich-verkitschte Liedertexte mit Liebes- und Passionsthematik, Herzenstausch und -vereinigung wurden schon im 20. Jhdt als nicht mehr zeitgemäß empfunden und durch distanziertere Texte ersetzt.[333] Im Stammteil des Diözesan-Liederbuches „Gotteslob" sind nur mehr drei Herz-Jesu-Lieder enthalten, lediglich im Sonderbereich charismatischer Gemeinschaften finden sich noch frühere Herz-Jesu-Lieder - wie sie während der Wallfahrt verwendet wurden; aber auch den Herz-Jesu-Pilgern waren sie nicht mehr so vertraut und mussten während der Anreise eigens geübt werden.

Dieses in Wallfahrten spürbare Zusammengehörigkeitsgefühl wird auch in bis zu drei Tagen dauernden Exerzitien erfahren, zu denen sich Mitglieder der Herz-Jesu-Familien zu Einkehr und Meditation zurückziehen. Auf meine Frage, ob gemeinsame Erlebnisse wie Wallfahrten, Anbetung usw. verbinden, bestätigt RK:

---

331 Neu (wie Anmerkung 191), S. 168.

332 Scharfe (wie Anmerkung 82), S. 148.

333 Haag, Martina: „Dem Herzen Jesu singe ...". Politische Instrumentalisierung der Frömmigkeit im 19. und 20. Jahrhundert. Mainz 2003, S. 348f.

> Ja, das schon, oder z. B. bei Exerzitien, die 3 Tage dauern zwischen Fasching-Sonntag und Aschermittwoch. Am Faschingssonntag beginnen die mit einer Messe und am Aschermittwoch sind sie zu Ende.
>
> Und das sind drei intensive Tage, die wir im gemeinsamen Gebet, Gesang und im Zuhören der Vorträge verbringen, d. h. nur beim Singen und Gebet sprechen wir [...]. Es sind immer zwischen 30 und 40 Teilnehmer und ich bereite das immer vor. Liturgie, Anbetungszeit und Lieder werden von mir zu Hause vorbereitet und jeder bekommt ein Hefterl mit dem Inhalt und es ist jeder gut dabei aufgehoben und fühlt sich in der Gemeinschaft wohl und integriert. Das ist immer ein sehr schönes Erlebnis für alle, die daran teilnehmen.[334]

8.12 Communitas und Familie

Nicht nur Wallfahrten, auch Einkehrtage und Herz-Jesu-Weihen können als „Übergangsriten" und „Schwellenphase" interpretiert werden. In meinen Interviews zeigten sich auch noch andere Aspekte der liminalen Communitas. IW wandte sich in einer existentiellen Krise - Tod des Vaters, Dahinsiechen des Mannes, Verkauf des Geschäftes, Krankheit der Mutter - zur Herz-Jesu-Verehrung und ging damit von ihrer zerbrochenen physischen Familie über in eine neue „spirituelle" Familienstruktur:

> Irgendetwas muss es doch auf dieser Welt noch geben, nicht nur dieses Materielle [...] ich will mit dem Herrgott leben [...] so lerne ich das Dienen, die Geduld, die Demut, das lerne ich jetzt alles.[335]

Hier zeigt sich ganz offensichtlich, dass gerade Rituale dazu beitragen, dafür empfänglichen Menschen inneren Halt und Geborgenheit zu bieten, den ihnen nüchternere Formen der Verehrung nicht geben können. GR hat sich

> früher [...] um alles Sorgen gemacht [...] jetzt vertraue ich auf Jesus und der macht das alles schon und das ist wirklich so - ich mache mir keine Sorgen mehr.[336]

„Im Mysterium des Glaubens (fußt) alles auf dem Übergang im Lauf des Lebens. Es geht um Verbindungen und Trennungen zwischen Verwandten" - und deshalb würden in jeder katholischen Kirche Bilder der Hl. Familie gezeigt [...]", befindet Hauschild, man kann in

334 Interview (wie Anmerkung 171)

335 Interview (wie Anmerkung 166)

336 Interview (wie Anmerkung 169)

diesem Bild „sehr viele unterschiedliche Alltagserfahrungen unterbringen - aber was im einzelnen dort erkannt werden soll, muss immer wieder neu in christlichen Gruppen verhandelt werden [...] die Fülle des Lebens wird zusammengefaltet zur Dreifaltigkeit."[337] Und weiter:

> In kultischen Wiederholungen und Ritualisierungen können wir also Trost finden und uns gegen den Verfall wehren. Wenn andere das tun, nennen wir das gerne Magie oder Religion, tun wir es selbst, als aufgeklärte Europäer, nennen wir es Forschung oder Dialog, Kunst oder Wissenschaft.[338]

Der Begriff der Herz-Jesu-„Familie" schließt sprachlich bewusst an diesen uralten Kern der Gesellschaft und die damit gegebene Geborgenheits-Symbolik an, um daraus Halt und autoritative Legitimität herzuleiten, sodass die Herz-Jesu-Familie auch als eine „erfundene" Tradition verstanden werden kann. Tatsächlich erfindet die kirchliche Institution F. W. Graf zufolge neue kultische Angebote, die der symbolischen Repräsentation und Sakralisierung familiarer Gemeinschaft dienen.[339]

---

337 Hauschild (wie Anmerkung 81). S. 210ff.

338 Ebd. S. 10.

339 Vgl. Graf (wie Anmerkung 1), S. 87.

9 Abschluss und Ausblick

9.1 Stellung und Bedeutung der Herz-Jesu-Frömmigkeit in der Katholischen Kirche

Der Fortschrittsglaube des 20. Jhdts hat durch Klimawandel, Naturkatastrophen, Energieknappheit, Massenarbeitslosigkeit, Terrorismus usw. an Überzeugungskraft eingebüßt. F.-X. Kaufmann vermutet einen Zusammenhang mit dem vorherrschenden Bewusstsein eines Übergangs mit unbestimmter Richtung, das sich in Krisendiagnosen artikuliert; hinzu treten wachsende Beziehungs- und Identitätslosigkeit in einer Gesellschaft ohne stabile Beziehungskreise.[340] Daraus lässt sich wenigstens teilweise die weithin konstatierte Rückkehr des Religiösen in die Welt erklären. Denn „die Hoffnung auf einen welttranszendierenden Gott" hält die von aus der Vergangenheit herrührenden Sachzwängen eingeengte Zukunft offen: „An einen Gott glauben heißt sehen, dass es mit den Taten der Welt noch nicht abgetan ist."[341] Diese „Wiederkehr der Götter" ist allerdings von einer Schwächung der institutionalisierten Kirchen und Partikularismus, Pluralismus und Eklektizismus der religiösen Überzeugungen begleitet, in denen sich zahlreiche Nischen auftun.

Rituale und Symbole haben, wie in Abschnitt 3. ausgeführt, identitäts- und kollektivitätsstiftende sowie kommunikationsfördernde Wirkung, in der Gesamtgesellschaft ebenso wie in den Teilbereichen von Kirche und Religion. Einige Ritualforscher (M. Douglas, A. Lorenzer) befürchten deshalb negative Auswirkungen auf den gesellschaftlichen Zusammenhalt durch einen Rückgang oder gar die bewusste Säuberung von Ritualen.

Und in der Tat: Wenn Ritual verdichtete Kommunikation, und Kommunikation ohne Ritual nicht möglich ist, dann stellt sich ein Grundproblem menschlicher Existenz und zwischenmenschlichen Zusammenlebens. Zu Ende gedacht hieße das nämlich, dass ohne Rituale die menschliche Gesellschaft zusammenbrechen müsste, weil reine Innerlichkeit zu Isolation, dem Verlust des Wir-Gefühls und ins soziale Abseits führt.

---

340 Vgl. Kaufmann (wie Anmerkung 5), S. 48.

341 Ebd. S. 275.

Dabei bleibt allerdings nicht nur die Frage unentschieden, ob wir überhaupt Zeugen eines solchen Rückgangs sind. Die Fülle der wissenschaftlichen Literatur in diesem Feld, aber auch das wieder erwachte religiöse Bewusstsein und die bedrohlichen Veränderungen der Umwelt lassen eher ein Anwachsen der Ritualität erwarten. Unbeantwortet bleibt auch die damit zusammenhängende Frage, ob die moderne technisch-rational bestimmte Gesellschaft mit Notwendigkeit zu einem Verlust an Ritualität führt, oder ob umgekehrt - mit Lorenzer - erst die bewusst gewollte Säuberung von Ritualen die Marginalisierung ritenfreudiger Gläubiger herbeiführt und durch die derart bewirkte Minderung des sozialisierenden Einflusses der katholischen Kirche zum gesellschaftlichen Zerfall beiträgt.

Bei Zutreffen der These Lorenzers hätte im Umkehrschluss die Kirche es in der Hand, durch ihre Rituale die gesellschaftliche Entwicklung nachhaltig zu beeinflussen. Andernfalls wäre die Liturgiereform des 2. Vatikanums nur die unausweichliche Anpassung an bereits unwiderruflich vorangegangene gesellschaftliche Veränderungen, wie sie Korff spätestens seit Beginn des 20. Jhdts. diagnostiziert. Korff ist deshalb überzeugt, dass die restriktive Kultpraxis der als selbstorganisierendes System verstandenen Kirche eine erst durch die Säkularisierungserfahrung ausgelöste Abstimmung auf die veränderte Gegenwartssituation zum Zweck der inneren Stabilitätsbewahrung ist - nämlich um nicht noch mehr Gläubige zu verlieren. Diese Kultverengung hat dann allerdings ein „privatisiertes religiöses Verhalten unterhalb der Schwelle der systembezogenen, normierten Frömmigkeitspraxis mit sich gebracht.“[342]

Verkürzt gefasst lautet die Fragestellung: Verändern Rituale die Gesellschaft oder bewirkt umgekehrt die Gesellschaftsentwicklung den Verlust von Ritualität? Vor dem Hintergrund der alle Gesellschaften erfassenden wirtschaftlichen und politischen Globalisierung fragt Knoblauch deshalb, „ob die Religion tatsächlich noch eine tragende Rolle in der Integration von Gesellschaft und ihrem Wandel spielt.“[343]

Beide Thesen bedürften der empirischen Untersuchung, ob und inwieweit Bedürfnis und Nachfrage nach Ritualen und Symbolik überhaupt bestehen.

Unverkennbar ist aber, dass jedenfalls in religiösen Partikularströmungen eine starke Bindung an Rituale und Symbole vorhanden und das Verlangen danach zumindest in einigen Segmenten der Gesellschaft

---

342 Vgl. Korff (wie Anmerkung 67), S. 47 und 56.

343 Vgl. Knoblauch (wie Anmerkung 6), S. 219f.

wach ist. Das zeigen beispielsweise sehr eindrücklich die Bemühungen um die Wiederbelebung alter oder die Erfindung neuer Rituale in religiös motivierten Frauengruppen, vor allem in Nord- und Südamerika, aber in geringerem Umfang auch in Europa.

Dieser Befund lässt sich auch an den Herz-Jesu-Familien belegen: Die dort geübten Rituale sind vielfältig und reichen von Kerzen- und Weihrauch-Mystik, gemeinsamem Rosenkranzgebet und Novenen usw. über das alle Sinne ansprechende Schauspiel prunkvoller „charismatischer" Messen bis hin zu transzendentalen Erfahrungen in Geruchs- und Gesichts-Visionen und zur Weihe an das Herz Jesu. Wie in einem Brennspiegel zeigen die Interviews Übergangsriten und liminale Schwellenphasen, den Habitus kennzeichnende „Kundgebungssysteme" und zahlreiche andere symbolische Verdichtungen wie demütig kniende Gebetshaltung, schützende Kreuzzeichen und Segensgesten usw. Die Alltagsreligiosität dieser überwiegend der älteren Generation zuzuzählenden „Familien-Mitglieder" hält sich vornehmlich an „vorkonziliare Gewohnheiten"; viele ältere Menschen haben gelernt, zwischen Glaube und Religion einerseits und der hierarchischen Institution Kirche andererseits zu differenzieren.[344] Die Mitglieder der Herz-Jesu-Familien bevorzugen, wie die teilnehmende Beobachtung zeigte, bewährte, überkommene, auf Gefühle und Empfindungen gegründete und durch Jahrhunderte unverändert tradierte Formen kirchlicher Rituale. Diese Feldforschungsergebnisse in der Herz-Jesu-Bewegung werden durch ähnliche, in der Literatur veröffentlichte Erfahrungen bestätigt.

Weniger überzeugend hinsichtlich der Mitglieder der Herz-Jesu-Familien ist hingegen die These von der Bedeutung der Rituale als Orientierungsförderung für Modernisierungsverlierer: Die von mir befragten Personen weisen durchwegs geordnete finanzielle Verhältnisse auf und sind identitätsmäßig fest in ihrer heimatlichen Umgebung verwurzelt. Festzustellen ist allerdings, dass sie in ihrer geistig-spirituellen Haltung nicht bedingungslos dem Zeitgeist folgen und in dieser Hinsicht in gewisser Weise von allgemeinen Gesellschaftstrends abgekoppelt sind.

Die künftigen Entwicklungsaussichten für die Herz-Jesu-Familien (und die Herz-Jesu-Verehrung überhaupt) - auch sie sind letztlich eine noch junge, „wieder erfundene" Tradition - sind heute nicht verlässlich abschätzbar. Das „Phänomen der Vergreisung"[345] belegt, dass es sich

344 Vgl. Wolf (wie Anmerkung 14), S. 82.

345 Korff (wie Anmerkung 67), S. 157.

nicht um eine „moderne" oder besonders zukunftsträchtige Form der Glaubensbezeugung handelt. Die Entwicklung der Herz-Jesu-Familien in Österreich zeigt eine Stagnation.

Offen bleibt dabei, ob es sich bereits um „die letzten sichtbaren Rudimente einer überlebten und vergangenen Einstellung" handelt, die im Aussterben begriffen ist, weil „keine gesellschaftliche Tradierrolle"[346] der Alten mehr gegeben ist. F-X. Kaufmann nennt das die „Tradierungskrise des Glaubens."[347]: Die Weitergabe des Christentums setzt stabile, sympathetische Sozialbeziehungen voraus, „in denen Werte durch Identifizierungsprozesse angeeignet werden."[348] So erinnert sich beispielsweise Pater IF an die Herz-Jesu-Feiern seiner Kindheit, eine Herz-Jesu-Verehrerin an das Herz-Jesu-Bild in ihrem Elternhaus. Eine anders lautende Annahme geht demgegenüber davon aus, dass ältere Personen nach Beendigung ihres Berufslebens und mit Näherrücken des Lebensendes wieder mehr Interesse für die „letzten Dinge" und religiöse Themen aufbringen.

A. Holl sagt daher:

> Wenn der Tod in Sicht ist, dann kommt manchmal ein bisschen die Metaphysik zum Tragen.[349]

Deshalb erscheint N. Buschs Annahme zu apodiktisch, wenn er als zukünftige Entwicklung prophezeit:

> Gegenwärtig wird der Kult nur noch von einigen älteren Katholiken praktiziert. Sein baldiges Ende scheint besiegelt. Daran ändern auch die vereinzelten Versuche einiger fundamentalistischer kirchlicher Randgruppen nichts, eine Wiederbelebung der Herz-Jesu-Frömmigkeit zu betreiben.[350]

Zwar bleibt tatsächlich eine erkennbare Außenseiterstellung der Herz-Jesu-Verehrerinnen und -Verehrer im kirchlichen Bereich, was sich nicht nur in der eher halbherzigen Unterstützung seitens der Hierarchie erweist, die mehr einer kontrollierenden Führung durch Einbindung gleicht. Eigentlich werden die Herz-Jesu-Familien organisatorisch nur von der Ordensgemeinschaft der Dehonianer SCJ (Herz-Jesu-Priester) getragen, die aber mit ihren zahlenmäßig beschränkten Mög-

---

346 Ebd. S. 159.

347 Kaufmann (wie Anmerkung 5), S. 209.

348 Ebd. S. 268.

349 Holl (wie Anmerkung 113)

350 Busch (wie Anmerkung 27), S. 63f.

lichkeiten nur für die Verfassung der Rundbriefe und für gelegentliche Einkehrtage sorgen kann.

Die Nischenbildung durch Absonderung der Gläubigen in die privat - außerhalb der kirchlichen Gemeinschaft, aus der sie abgedrängt wurden - geübte Frömmigkeit (Korff nennt das die „Tendenz zur Privatisierung") lässt keine wesentlich zunehmende Verbreitung oder einen besonderen Aufschwung dieser Frömmigkeitsform erwarten. Der geschichtliche Kreis zurück zur privaten mystischen Frömmigkeit des Mittelalters hat sich geschlossen und ohne starke organisatorische Förderung durch die Amtskirche besteht wenig Aussicht auf eine auch nur ansatzweise Wiederannäherung an das zu Beginn des 20. Jahrhunderts erreichte Niveau. Allerdings verdient die Schlussfolgerung des Vatikan-Korrespondenten der „Frankfurter Allgemeinen Zeitung" nach dem Besuch des Hl. Vaters beim „Volto Santo" in Manopello Beachtung „ [...] dass die Zeit der [...] Furcht vor sichtbarer, volkstümlicher Frömmigkeit in der katholischen Kirche vorbei ist."[351]

In der religiösen Nischenbildung einer Ritual-bewussten Volksfrömmigkeit liegt freilich auch eine mögliche Gefahr für jede organisierte Kirchenstruktur, die zwar die Verbindung zu diesen Gruppen der Gläubigen nicht verlieren darf, andererseits aber auch Rücksicht auf die Wahrnehmung dieser Nischen-Frömmigkeit durch die Orts- und Pfarrgemeinde nehmen muss. Manche Bewegungen ordnen sich dem Wiener Pastoraltheologen Paul Zulehner zufolge leicht in das Leben der Amtskirche ein, andere stehen in einem Spannungsverhältnis zum traditionellen Pfarrleben, wodurch das Gefühl von zwei Klassen von Christen aufkommen könne. „Schließt sich der Pfarrer der Bewegung an, würden viele Gläubige aus ihrer Pfarre abwandern, weil sie Offenheit und Vielfalt vermissen"[352], meint Zulehner.

Diese Gefahr besteht freilich bei den Herz-Jesu-Familien nicht, da ihr Gebets-Apostolat und die Novenen, die auch alleine gebetet werden können, nach außen nicht in Erscheinung treten.

Als Gründe für den Rückgang der Herz-Jesu-Frömmigkeit führt Moore insbesondere das „übersentimentale Jesusbild, die überstarke Betonung des körperlichen Herzens" und den „‚passiv-melancholischen' Dolorismus" des Sühnegedankens an.[353] Das lässt sich gut an der Entwicklung des Herz-Jesu-Liedgutes verfolgen. Hinzu kommt der Umstand, dass es lange an einer rational-modernen Begründung der Ver-

351 Frankfurter Allgemeine Zeitung vom 2.9.2006, Nr. 204, S. 7.

352 Pöll (wie Anmerkung 70)

353 Moore (wie Anmerkung 34), S. 27.

ehrung in Dogmatik und Exegese fehlte, und insbesondere die Jugend kein Verständnis für visionäre Privatoffenbarungen hatte, sondern mehr am in der Bibel begründeten Christkönigsgedanken Gefallen fand. Weitere Einwände gründeten auf der „Betonung des Gemeinschaftsaspektes in der Spiritualität"[354], d. h. der Gefahr einer Aussonderung der Herz-Jesu-Verehrer aus der Kirchengemeinschaft. Darüber hinaus geriet die Herz-Jesu-Verehrung unter Druck durch die liturgische Reform des 2. Vatikanums, welche Gottesdienst und Glaubensformen stark entritualisierte (Lorenzer), sowie die Ausschlachtung für politischen Ziele: Die „Retheologisierung der Politik", d. h. die Instrumentalisierung der Religion zur Mobilisierung kollektiver Identitäten für politische Zwecke, war auch Gegenstand des „Forum Alpbach" 2006[355], und Haag interpretiert die Herz-Jesu-Verehrung als „Symptom der Auseinandersetzung verschiedener Gruppen in der Frage des Kirchenverständnisses und des Verhältnisses der Kirche zur Welt."[356]

Ein Überleben der Herz-Jesu-Verehrung in der „Nische" ist jedoch nicht ausgeschlossen.

Ausschlaggebend für die weiteren Entwicklungsmöglichkeiten der Herz-Jesu-Verehrung in Form der Herz-Jesu-Familien sind, wie meine Gespräche zeigten, vornehmlich die „Kultfreudigkeit" des Ortspfarrers, Sonderaktivitäten von Ordensgemeinschaften mit Angeboten an „religiöse ‚Mentalitätsgruppen' wie traditionsorientierte Katholiken" und die von der Sozialstruktur abhängige Riten-Aufnahmebereitschaft der Gemeinde.[357]

Es gibt auch Organisationen innerhalb der katholischen Kirche wie etwa die Herz-Jesu-Priester, die Jesuiten und andere Orden sowie Laienbewegungen wie die beschriebene Herz-Jesu-Familie, die sich aktiv der Herz-Jesu-Verehrung annehmen und damit gemäß der „Markttheorie" der Säkularisierung einen bestimmten Sektor der Nachfrage „bedienen". Und es gibt auch - wiewohl nicht sehr viele - Gläubige, die sich angesprochen fühlen. Wie ein „Familien"-Mitglied meinte: „Es kommt immer wieder jemand dazu"[358] Ganz offensichtlich sind die Voraussetzungen in der Großstadt (wofür etwa das Fehlen eines ge-

354 Haag (wie Anmerkung 333), S. 326.

355 Prantner, Christoph: „Beim Homo religiosus wachsam sein". Retheologisierung: Debatte um die Instrumentalisierung der Religion in der Politik. In: Der Standard vom 29.8.2006, S. 4.

356 Haag (wie Anmerkung 333), S. 327.

357 Vgl. Korff (wie Anmerkung 67), S. 84 und 69.

358 Interview (wie Anmerkung 224)

eigneten Regionalleiters symptomatisch ist) ungünstiger als in kleineren ländlichen Gemeinden.

L. Lies SJ räumt aber ein: „An dieser Entwicklung ist die kirchliche Verkündigung nicht ganz unschuldig. Hat sie doch im Sinne neuzeitlichen und kirchenpolitisch orientierten Herz-Jesu-Kultes die mittelalterlichen Mystiker da und dort um ihre Intimität gebracht und allzu oft Mystik naiv zur Volksfrömmigkeit umfunktionieren wollen."[359] Schon sein Ordensbruder Karl Rahner sah voraus:

> Die Herz-Jesu-Verehrung wird sich von einer Form der Volksfrömmigkeit in eine Frömmigkeitsform wandeln, die ein wenig „esoterisch" ist, typisch für Personen, die radikal kirchlich sind [...] Sie wird eine Frömmigkeitsform der wenigen, der „Eingeweihten", der geistlich und mystisch Eingestellten sein.[360]

Angesichts der gestiegenen Bedeutung der Eucharistie sind solche Sonderformen der Frömmigkeit an den Rand gedrängt, und gegenwärtig ist kein tragfähiger Anknüpfungspunkt für ein Anwachsen von „Spiritualität" (dem Codewort für Mystik) zu erkennen.

Als Fazit ergibt sich somit folgender Befund:

Die Fachliteratur erlaubt keine gültige Beurteilung, ob die gesellschaftliche Entwicklung in der longue durée von einem Verschwinden oder einer Wiederbelebung der Rituale begleitet sein wird. Für den Frömmigkeitsbereich der Herz-Jesu-Verehrung und insbesondere der Herz-Jesu-Familie bewahrheiten sich die enge traditionelle Verbundenheit und der Zusammenhang mit der Übung der von altersher überkommenen Ritualen. Inwieweit dies auch für andere Bereiche der so genannten Volksfrömmigkeit zutrifft, ist zwar nicht Gegenstand dieser Arbeit, doch ist eine vergleichbare Korrelation anzunehmen, wie dies auch Korff in „Heiligenverehrung in der Gegenwart" zeigt.

Die Herz-Jesu-Verehrung ist nur ein Teilbereich der Volksfrömmigkeit und kann daher keine allgemein gültige Aussage über die weitere Entwicklung der Ritualfreudigkeit in der katholischen Kirche bieten. Gerade im weiblichen Bereich zeigen sich allerdings Bereitschaft und Interesse an wachsender Ritualität.

Was den engeren Bereich der Herz-Jesu-Verehrung betrifft, kann jedenfalls in Bestätigung der eingangs formulierten These die große Be-

---

359 Lies, Lothar: Gottes Herz für die Menschen. Elemente der Herz-Jesu-Frömmigkeit morgen. Innsbruck-Wien 1996, S. 137.

360 Rahner zitiert nach Lies (wie Anmerkung 359), S. 140.

deutung und breite Verwendung von Ritualen und Symbolen für den Kult festgehalten werden.

Was die Zukunftsaussichten dieser Frömmigkeitsform angeht, zitiere ich zum Abschluss zustimmend M. Haag: „Die Herz-Jesu-Verehrung der Zukunft wird mystisch sein oder sie wird gar nicht sein."[361]

9.2 Persönliche Schlussbemerkungen

Zu Beginn meiner Arbeit hatte ich mit der Möglichkeit gerechnet, im Bereich der Herz-Jesu-Frömmigkeit und insbesondere bei den Herz-Jesu-Familien besondere äußerliche Formen tief verinnerlichter Gläubigkeit anzutreffen. Ich hatte angenommen, dass sich diese Frömmigkeit in mystischen, dem Aberglauben nahe stehenden Formen ritueller Übung manifestieren könnten.

Und ich war von einer verschlossenen, für Außenstehende hermetisch versperrten Kleinwelt geheimer Bräuche und Riten ausgegangen. Sehr bald schon zeigte sich aber ein ganz anderes Bild der Herz-Jesu-Familien, das nichts mit magischen Zauberformeln und nur wenig mit Wunderglauben und übersinnlichen Erscheinungen zu tun hatte.

Vielmehr erwies sich, dass die ganz überwiegende Anzahl der befragten Angehörigen der Herz-Jesu-Familien tiefgläubige, aber weltoffene Personen waren, deren Gottvertrauen sich nicht selten in einem - hier durchaus positiv verstandenen - kindlich-naiven Glauben an das direkte, durch Gebet zu beeinflussende Wirken des Herzens Jesu in der Welt äußerte. Dabei erwies sich eine erkennbar unterschiedliche Neigung und Bereitschaft zu vertieften Frömmigkeitsformen wie der Herz-Jesu-Verehrung in N. und der weniger ländlich geprägten Nachbargemeinde. Dieser Befund bestätigt die aus der Fachliteratur bekannte direkte Korrelation zwischen Gesellschaftsstruktur und religiöser Einstellung.

Es zeigte sich zudem, dass zwar verschiedene den Gruppenzusammenhalt fördernde Rituale und Symbole - wie das auch in der wissenschaftlichen Literatur beschrieben wird - verwendet wurden, sich diese aber nicht signifikant von den insgesamt in der katholischen Kirche geübten Traditionen und Bräuchen unterscheiden.

Am Ende meiner Untersuchung hatte sich also die anfängliche Erwartungshaltung einer magisch besonders rituell geprägten Gemeinschaft nicht bestätigt. Die Herz-Jesu-Familien sind eine kleine, zahlenmäßig

361 Haag (wie Anmerkung 333), S. 387.

wenig bedeutende Gruppierung im Rahmen der katholischen Kirche, die - anders als etwa die Legio Mariae - über keine straffe Organisation, hierarchische Struktur oder gezielte Öffentlichkeitsarbeit verfügt. Sie hat daher weder im Kirchenleben noch in der gesellschaftlichen Öffentlichkeit eine maßgebliche oder auch nur einflussreiche Rolle. Sie deckt aber einen Nischenbereich privat geübter Frömmigkeit von Gläubigen ab, die ein Bedürfnis nach Versenkung, Stille und Selbstvergewisserung im Schutz einer transzendenten, überweltlichen Macht haben.

10 Abbildungen

Abb. 1: Herz-Jesu-Gebetsbild[362]

362 Die Abbildungen 7 und 8 wurden mit Zustimmung der bildberechtigten Person von der Verfasserin selbst erstellt; die Abbildungen 1 - 6, 9 und 10 stammen aus öffentlich ausliegendem, kirchlichem Informationsmaterial.

Abb. 2: Heiligstes Herz Jesu
(Verein Unsere Liebe Frau vom Heiligsten Herzen, Wien)

Abb. 3: Aus „Gebete für die Priester" (WKS-Sekretariat Hall/Tirol)

Abb. 4: Aus „Weihegebet an das Herz Jesu"
(Erzdiözese Wien, Kath. Glaubensinformation)

Abb. 5: Aus „Weihe an das unbefleckte Herz Mariens“
(Erzdiözese Wien, Kath. Glaubensinformation)

Abb. 6: Aus „Familie des Heiligsten Herzens Jesu“ („Faustyna“-Bild)

Abb. 7: Rosenkranz der Barmherzigkeit

Abb. 8: Herz-Jesu-Ecke in N.

Abb. 9: Altar in der Herz-Jesu-Basilika-Hall

Abb. 10: Detail Herz-Jesu-Basilika Hall

11 Quellenverzeichnis

Angaben zu den interviewten Personen

Interview vom 17.1.2006 mit GR:

weiblich, 70 Jahre, Witwe
Hausfrau, 3 Kinder
Regionalapostel für Niederösterreich
Betreuung und Anwerbung der Herz-Jesu-Familien, Organisation von Einkehrtagen, Gebetskreisen, wöchentlichen Anbe tungen

Interview vom 8.4.2006 mit IW:

weiblich, 57 Jahre, Witwe
ehemalige Inhaberin von Lebensmittelgeschäften
Pensionistin, Pflege der sehr kranken Mutter
Regionalapostel für Burgenland
Betreuung und Anwerbung der Herz-Jesu-Familien, Organisation von Einkehrtagen

Interview vom 11.4.2007 mit RK:

weiblich, 60 Jahre, verheiratet
ehemalige Angestellte im Sozialamt der Stadt
Pensionistin
Regionalapostel für Steiermark
Betreuung und Anwerbung der HJ-Familien und Organisation des Herz-Jesu-Festes am Hafnerberg/NÖ
Aussendung des Herz-Jesu-Rundbriefes Österreichweit
Mitglied der Legio Mariae, Organisation von Exerzitien usw.
Anbetung einmal wöchentlich

Interview vom 5.5.2006 mit JW:

weiblich, 75 Jahre
Bäuerin - Weinbaubetrieb und Landwirtschaft
3 Gebetskreise wöchentlich, Anbetung einmal pro Woche
Organisatorin von Wallfahrten nach Medjugorje, täglicher Messe-Besuch

Interview vom 7.3.2006 mit Pfarrer KH und 9 Frauen:

1. SZ: weiblich, 67 Jahre
ehemalige Arbeiterin, jetzt Pensionistin
(ihr Mann ist Mesner in N.)
Lektorin (Lesungen, Fürbitten, Verkündigungen für die nächste Woche)
Anbetung einmal wöchentlich, Mitglied der Legio Maria
Apostel einer Herz-Jesu-Familie
Täglicher Messe-Besuch

2. MT: weiblich, 79 Jahre
ehemalige Bäuerin, jetzt Pensionistin
Apostel von 7 Herz-Jesu-Familien, Mitglied der Legio Maria
täglicher Messebesuch

3. AL: weiblich 31 Jahre
Volksschullehrerin
besucht Herz-Jesu Messen, ist aber in keiner Gebetsfamilie

4. LK: weiblich, 38 Jahre
Hausfrau, Mitglied einer Herz-Jesu-Familie

5. bis 9. Teilnehmerin:
weiblich, 60-70 Jahre
alle Mitglied einer Herz-Jesu-Familie, davon 3 Laienapostel
täglicher Messebesuch

Interview vom 5.5.2006 mit Pfarrer KH:
Priesterweihe 1991
seit 1994 Pfarrer in N. und zweier Nachbargemeinden
hat 1999 die Volksmission nach N. gebracht

Interview vom 6.12.2005 mit Pater IF:
bis 1995 Bischofsvikar
Hausgeistlicher, Lehrbeauftragter für Spirituelle Theologie
Gründungsmitglied von Unio Cor Jesu

12 Literaturverzeichnis

Altenbeck, Monika u. a.: Ausschnitte aus einer Podiumsdiskussion auf dem Symposium der LAG „Soziale Rollen von Frauen" in Zusammenarbeit mit der Evangelischen Akademie in Iserlohn am 30.6.2002. In: Fuhrmann, Siri, Irmgard, Pahl u. a. (Hg.): Soziale Rollen von Frauen in Religionsgemeinschaften. Ein Forschungsbericht. Münster 2003, S. 303-320.

Andersson, Anne R.: Ritual and Feminist Critical Theology. In: Northup, Lesley A. (Hg.): Women and Religious Ritual. Washington 1993, S. 183-201.

Baumann, Urs: Die Theologische Perspektive. 6. Die Insel des Menschen. In: Baumann, Urs (Hg.): Gott im Haus der Wissenschaften. Ein interdisziplinäres Gespräch. Frankfurt a. M. 2004, S. 21-55.

Bergesen, Albert: Die rituelle Ordnung. In: Belliger, Andréa und David J. Krieger (Hg.): Ritualtheorien. Ein einführendes Handbuch. Opladen 1998, S. 49-75.

Berghoff, Hartmut: Die Zähmung des gefesselten Prometheus? Die Generierung von Vertrauenskapital und die Konstruktion des Marktes im Industrialisierungs- und Globalisierungsprozess. In: Berghoff, H. und Jakob Vogel (Hg.): Wirtschaftsgeschichte als Kulturgeschichte. Frankfurt a. M. 2004, S. 143-167.

Bourdieu, Pierre: Zur Soziologie der symbolischen Formen. Frankfurt a. M. 1970.

Ders.: Das religiöse Feld. Texte zur Ökonomie des Heilgeschehens. Konstanz 2000.

Busch, Norbert: Katholische Frömmigkeit und Moderne. Die Sozial und Mentalitätsgeschichte des Herz-Jesu-Kultes in Deutschland zwischen Kulturkampf und Erstem Weltkrieg. Gütersloh 1997.

Caland, M. u. P.: Das Kerzen Handbuch. Alles was man über die Bedeutung und den praktischen Umgang mit Kerzen wissen möchte. Kerzenmeditationen und lichtvolle Rituale mit Farb-, Duft-, Astro- und Altarkerzen. Aitrang 1992.

Coreth, Anna: Liebe ohne Maß. Geschichte der Herz-Jesu-Verehrung in Österreich im 18. Jahrhundert. Salterrae. - Maria Roggendorf: Salterrae, 1994. (Cor ad cor; Bd. 4).

Dirks, Marianne: Vorwort. In: Dirks, Marianne (Hg.): Glauben Frauen anders? Erfahrungen und Anstöße. Freiburg 1887, S. 7-16.

Douglas, Mary: Ritual, Tabu und Körpersymbolik. Sozialanthropologische Studien in Industriegesellschaft und Stammeskultur. Frankfurt a. M. 1998.

Favret-Saada, Jeanne: Die Wörter, der Zauber, der Tod. Der Hexenglaube im Hainland von Westfrankreich. Frankfurt a. M. 1979.

Genepp van, Arnold: Übergangsriten. Frankfurt a. M. 1986.

Götz von Olenhusen, Irmtraud: Feminisierung von Religion und Kirche im 19. und 20. Jahrhundert. In: Lukatis, Ingrid, Regina Sommer u. a. (Hg.): Religion und Geschlechterverhältnis. Opladen 2000, S. 37-49.

Graf, Friedrich Wilhelm: Die Wiederkehr der Götter. Religion in der modernen Kultur. München 2004.

Graf, Friedrich Wilhelm: Beeinflussen religiöse Weltbilder den ökonomischen Habitus? In: Berghoff, H. und Jakob Vogel (Hg.): Wirtschaftsgeschichte als Kulturgeschichte. Frankfurt a. M. 2004, S. 241-263.

Haag, Martina: „Dem Herzen Jesu singe...". Politische Instrumentalisierung der Frömmigkeit im 19. und 20. Jahrhundert. Mainz 2003.

Halkes, Catharina J.M.: Ohnmacht und Übermacht werden abgelegt werden. In: Dirks, Marianne (Hg.): Glauben Frauen anders? Erfahrungen und Anstöße. Freiburg u. a. 1987, S. 82-93.

Hauschild, Thomas: Magie und Macht in Italien. Über Frauenzauber, Kirche und Politik. Gifkendorf 2003.

Herlyn, Gerrit: Ritual und Übergangsritual in komplexen Gesellschaften. Sinn- und Bedeutungszuschreibungen zu Begriff und Theorie (= Studien zur Alltagskultur, Bd. 1). Hamburg 2002.

Härlin, Camilla: Wer nur anklagt, lebt nicht mit dem Glauben. In: Dirks, Marianne (Hg.): Glauben Frauen anders? Erfahrungen und Anstöße. Freiburg 1987, S. 94-104.

Hobsbawn, Eric: Die Erfindung von Traditionen. In: Conrad, Christoph und Martina Kessel (Hg.): Kultur und Geschichte. Neue Einblicke in eine alte Beziehung. Stuttgart 1998, S. 97-118.

Jennings Jr., Theodore W.: Rituelles Wissen. In: Belliger, Andréa und David J. Krieger (Hg.): Ritualtheorien. Ein einführendes Handbuch. Opladen 1998, S. 157-172.

Jeggle, Utz: Feldforschung. Qualitative Methoden in der Kulturanalyse. Tübingen 1984, S. 165-186.

Kaschuba, Wolfgang: Einführung in die Europäische Ethnologie. München 2003.

Katechismus der Katholischen Kirche. München u. a. 1993.

Kaufmann, Franz-Xaver: Religion und Modernität. Sozialwissenschaftliche Perspektiven. Tübingen 1989.

Kecskes, Robert: Religiosität von Frauen und Männern im internationalen Vergleich. In: Lukatis, Ingrid u. a. (Hg.): Religion und Geschlechterverhältnis. Opladen 2000, S. 85-100.

Knoblauch, Hubert: Religionssoziologie. Berlin u. a. 1999.

Korff, Gottfried: Kulturwissenschaftliche Beobachtungen. Zur Komplexität der religiösen Situation der Gegenwart. In: Baumann, Urs (Hg.): Gott im Haus der Wissenschaften. Ein interdisziplinäres Gespräch. Frankfurt a. M. 2004, S. 87-94.

Korff, Gottfried: Herz Jesu. In: 13 Dinge: Form, Funktion, Bedeutung. Katalog zur gleichnamigen Ausstellung im Museum für Volkskultur in Württemberg, Waldenbuch Schloß vom 3. Oktober 1992 bis 28. Februar 1993, S. 139-152.

Korff, Gottfried: Heiligenverehrung in der Gegenwart. Empirische Untersuchungen in der Erzdiözese Rottenburg. Tübingen 1970.

Korff, Gottfried: Antisymbolik und Symbolanalytik in der Volkskunde. In: Brednich, Rolf und Heinz Schmidt (Hg.): Symbole. Zur Bedeutung der Zeichen in der Kultur. Münster u. a. 1997, S. 11-30.

Krammer, Martina: Victor Braun 1825-1882. Leben und Werk des Stifters der Kongregation der Dienerinnen des Heiligsten Herzens Jesu. Eine biographische Studie des Gründers im geschichtlichen Kontext der Herz-Jesu-Verehrung. In: Dissertation zur Erlangung des akademischen Grades eines Doktors der Theologie. Katholische Fakultät der Universität Wien 1998.

Langner, Albrecht; Säkularisation und Säkularisierung im 19. Jahrhundert. In: Beiträge zur Katholizismusforschung, Reihe B: Abhandlungen. München 1978, S. 143-162.

Katechismus der Katholischen Kirche. München u. a. 1993.

Lies, Lothar: Gottes Herz für die Menschen. Elemente der Herz-Jesu-Frömmigkeit morgen. Innsbruck-Wien 1996.

Lindner, Rolf: Die Angst des Forschers vor dem Feld. Überlegungen zur teilnehmenden Beobachtung als Interaktionsprozeß. In: Zeitschrift für Volkskunde Nr. 77, 1981. S. 51-66.

Lorenzer, Alfred: Das Konzil der Buchhalter. Die Zerstörung der Sinnlichkeit. Eine Religionskritik. Frankfurt a. M. 1981.

Luckmann, Thomas: Die unsichtbare Religion. Frankfurt a. M. 1991.

Lübbe, Hermann: Religion nach der Aufklärung. In: Gutmann H.-M. und C. Gutwald (Hg.): Religiöse Wellness. Seelenheil heute. München 2005, S. 59-80.

Miller, Gabriele: Ich fühle mich eigentlich ganz wohl dabei. In: Dirks, Marianne (Hg.): Glauben Frauen anders? Erfahrungen und Anstöße. Freiburg 1987, S. 137-145.

Moore, John: Herz-Jesu-Verehrung in Deutschland. Religiöse, soziale und politische Aspekte einer Frömmigkeitsform. Petersberg 1997.

Müller, Iris, Ida Raming: Aufbruch aus männlichen „Gottesordnungen". Reformbestrebungen von Frauen in christlichen Kirchen und im Islam. Weinheim 1998.

Neu, Diann L.: Women Revisioning Religious Rituals. In: Northup. Lesley A. (Hg.): Women Religious Ritual. Washington 1993, S. 155-172.

Northup Lesley A.: Expanding the X-Axis: In: Dies. (Hg.): Women and Religious Ritual. Washington 1993, S. 141-152.

Nothelle-Wildfeuer, Ursula: „Damit es besser läuft in der Welt...". Frauen in Gesellschaft und Kirche - Das soziale Ehrenamt im Wandel. In: Fuhrmann, Siri, Irmgard, Pahl u. a. (Hg.): Soziale Rollen von Frauen in Religionsgemeinschaften. Ein Forschungsbericht. Münster 2003, S. 81-208.

Ortner, Sherry B.: Is Female to Male as Nature Is to Culture? In: Rosaldo, Michelle Zimbalist and Louise Lamphere (Hg.): Women, Culture, and Society. Stanford 1974, S. 67-89.

Paschke, Wilhelm: Die Geschichte der Herz-Jesu-Verehrung in Österreich. In: Diplomarbeit eingereicht an der Katholisch-theologischen Fakultät der Universität Wien zur Erlangung des Grades eines Magisters der Theologie. April 1992.

Platvoet, Jan: Das Ritual in pluralistischen Gesellschaften. In: Belliger, Andréa und David J. Krieger (Hg.): Ritualtheorien: Ein einführendes Handbuch. Opladen 1998, S. 173-187.

Ratzinger, Joseph: Das Ostergeheimnis als tiefster Gehalt und Grund der Herz-Jesu-Verehrung. In: Internationales Institut vom Herzen Jesu (Hg.): Entwicklung und Aktualität der Herz-Jesu-Verehrung. Aschaffenburg 1984, S. 128-179.

Rosaldo, Michelle Zimbalist: A Theoretical Overview. In: Rosaldo M.Z. and Louise Lamphere (Hg.): Women, Culture, and Society. Standford 1974, S. 17-42.

Rossmann, Eva: Die Angst der Kirche vor den Frauen. Katholikinnen erzählen. Wien 1996.

Scharfe, Matin: Über die Religion. Glaube und Zweifel in der Volkskultur. Köln u. a. 2004.

Scharfe, Martin: Valentin Stanig besteigt den Watzmann, 1800. Fallstudie zu einer kulturellen Szene. In: Böhnisch-Brednich Brigitta u. a. (Hg.): Erinnern und Vergessen. Vorträge des 27. Deutschen Volkskundekongresses Göttingen 1989 (= Schriftenreihe der Volkskundlichen Kommission für Niedersachsen, Bd. 6). Göttingen 1991, S. 19-46.

Schmidt-Biesalski, Angelika: Die Bilder in den Köpfen, in meinem Kopf. In: Dirks, Marianne (Hg.): Glauben Frauen anderes? Erfahrungen und Anstöße. Freiburg u. a. 1987, S. 54-61.

Schmidt-Lauber, Brigitta: Das qualitative Interview oder: Die Kunst des Reden-Lassens. In: Göttsch, Silke und Albrecht Lehmann (Hg.): Methoden der Volkskunde. Positionen, Quellen, Arbeitsweisen der Europäischen Ethnologie. Berlin 2001, S. 165-186.

Schulenburg von der, Tisa: Mir ist das Leben neu geschenkt worden. In: Dirks, Marianne (Hg.): Glauben Frauen anders? Erfahrungen und Anstöße. Freiburg 1987, S. 45-53.

Soeffner, Hans-Georg: Die Ordnung der Rituale. Die Auslegung des Alltags 2. Frankfurt a. M. 1992.

Sölle, Dorothee: Nicht nur eine Erfahrung, sondern auch eine Aufgabe. In: Dirks, Marianne (Hg.): Glauben Frauen anders? Erfahrungen und Anstöße. Freiburg 1987, S. 157-165.

Steuer, Ingo: Frauen im sozialen Ehrenamt. In: Fuhrmann, Siri, Irmgard, Pahl u. a. (Hg.): Soziale Rollen von Frauen in Religionsgemeinschaften. Ein Forschungsbericht. Münster 2003, S. 155-180.

Stieve Hennig: Über biologische Wurzeln religiösen Verhaltens aus der Sicht eines Biologen. In: Baumann, Urs (Hg.): Gott im Haus der Wissenschaften. Ein interdisziplinäres Gespräch. Frankfurt a. M. 2004. S. 98-117.

Sturm, Vilma: Wie ein Boot glitt ich fort aus dem Hafen. In: Dirks, Marianne (Hg.): Glauben Frauen anders? Erfahrungen und Anstöße. Freiburg u. a. 1987, S. 120-130.

Tünnermann, Stefanie: Zugänge zum Bild der Frau in der orthodoxen Kirche. In: Fuhrmann Siri, Irmgard Pahl und Erich Geldbach (Hg.): Soziale Rollen von Frauen in Religionsgemeinschaften. Ein Forschungsbericht (= Theologische Frauenforschung in Europa, Bd. 12).

Turner, Victor: Das Ritual. Struktur und Anti-Struktur. Frankfurt a. M. 1989.

Turner, Victor: Liminalität und Communitas. In: Belliger, Andréa und David J. Krieger (Hg.): Ritualtheorien. Ein einführendes Handbuch. Opladen 1998, S. 251-262.

Vandermeersch, Patrick: Psychotherapeutische Rituale. In: Belliger, Andréa und David J. Krieger (Hg.): Ritualtheorien. Ein einführendes Handbuch. Opladen 1998, S. 435-448.

Volz, Rainer: Über die Hartnäckigkeit des ‚kleinen Unterschieds'- Religiosität und Kirchlichkeit im Vergleich der Geschlechter und ihrer Rollenbilder. In: Lukatis, Ingrid u. a. (Hg.): Religion und Geschlechterverhältnis. Opladen 2000. S. 115-130.

Warneken, Bernd Jürgen: Ver-Dichtungen. Zur kulturwissenschaftlichen Konstruktion von „Schlüsselsymbolen". In: Brednich, Rolf und Heinz Schmidt (Hg.): Symbole. Zur Bedeutung der Zeichen in der Kultur. Münster u. a. 1997, S. 549-562.

Weber-Kellermann, Ingeborg: Das Männliche und das Weibliche. Zur Sozialgeschichte der Geschlechterrollen im 19. und 20. Jahrhundert. In: Moltmann-Wendel, Elisabeth (Hg.): Frau und Mann. Alte Rollen - Neue Werte. Düsseldorf 1999, S. 15-46.

Wiedenhorn, Manfred: Die Geschichte der Herz-Jesu-Verehrung in Österreich. In: Diplomarbeit eingereicht an der Katholisch-theologischen Fakultät der Universität Wien zur Erlangung des Grades eines Magisters der Theologie der selbständigen Religionspädagogik. April 1992.

Wolf, Helga Maria: Esoterik als neue „Volksfrömmigkeit"? In: Bockhorn, Olaf, Margot Schindler und Christian Stadelmann (Hg.): Alltagskulturen. Forschungen und Dokumentationen zu österreichischen Alltagen seit 1945. Referate der Österreichischen Volkskundetagung 2004 in Sankt Pölten (= Buchreihe der Österreichischen Zeitschrift für Volkskunde, Neue Serie Band 19). Wien 2006, S. 73-90.

13 Internetverzeichnis

http://dbk.de/schriften/data/01310/index.html
http://www.zenit.org/german/visualizza.phtml?sid=61748
http://www.ev-akademie-baden.de/presse/2004/art0419.htm
http://stephanscom.at/news/0/articles/2007/03/18/a12540/print
http://www.statistik.at/gz/einwohner1.shtml
http://www.wahlen.bgld.gv.at/intro.htm

14 Printmedien

Profil Nr. 32 vom 7.8.2006
Der Standard vom 29.8.2006
Frankfurter Allgemeine Zeitung Nr. 204 vom 2.9.2006
Die Presse Nr. 17.743 vom 31.3./1.4.2007
Die Presse Nr. 17.745 vom 3.4.2007
Die Presse Nr. 17.747 vom 5.4.2007
DIE ZEIT Nr. 16 vom 12.4.2007
Frankfurter Allgemeine Zeitung Nr. 88 vom 16.4.2007
Profil Nr. 15 vom 6.4.2007

Zeitfracht Medien GmbH
Ferdinand-Jühlke-Straße 7
99095 Erfurt, Deutschland
produktsicherheit@kolibri360.de